삶이 흔들릴 때 꺼내 읽는 말들

삶이
흔들릴
때

현이

마음을 단단하게 만드는
위대한 사상가의 지혜

꺼내
읽는
말들

채륜

안녕하세요, 존경하는 독자님. 저자 현이입니다. 첫 책을 출간한 이후로 3년 만에 다시 책을 통해 인사드릴 수 있어 너무 감격스럽고, 또 감사한 마음입니다.

지난 3년간 어떤 책을 써야 독자님께 진정 도움이 될까 고민하면서, 여러 도서를 읽으며 지냈습니다. 그중에서도 철학에 매력을 느껴, 철학 관련 책을 유독 많이 읽었던 것 같습니다.

그런데 철학 책을 읽으며 세 가지 불편이 생기더라고요. 1, 글자가 빼곡해서 읽기가 부담스럽고 싫어지네... 2, 왜 이렇게 불필요하고, 사는 데 도움 안 되는 내용이 많아...? 3, 문장들이 너무 난잡하고 어려워. 쉽게 핵심만 추릴 수 있을 텐데...

제가 느낀 이 세 가지 불편함에서 하나의 결론을 도출해 냈습니다. "그래, 내가 쓰자. 비슷한 시기의 인물 최소 세 명을 뽑아 가장 이해하기 쉽게, 가장 핵심적인 내용만 추려, 독자님의 삶에 가장 도움이 될 수 있는 책을 내가 쓰자." 해서 이 책을 쓰게 되었습니다.

이 책은 '톨스토이', '러셀', '비트겐슈타인' 3인의 저서를 모두 직접 읽고, 살아가는 데 지혜와 힘, 위로와 영감이 될 수 있는 문장들만 고르고 골라, 제가 변형 및 결합하여 '명언집' 형태로 기획하여 적은 책입니다. (이들의 사상에서 벗어나지 않도록)

제가 책에 관해 지인들에게 늘 말하는 게 있습니다. 책을 읽을 땐 책 안의 내용을 전부 받아들이거나, 기억하지 않아도 된다고. 내 마음으로 이해할 수 있는 것만, 마음에 진실하게 와닿은 한 문장만 내 삶의 일부로 만든다면, 그 책에서 얻을 수 있는 건 100% 얻은 거라고.

독자님께도 같은 말씀을 드리고 싶어요. 이 문장들 속에서 어느 한 문장이라도 독자님의 삶 깊숙이 새겨졌으면 좋겠습니다. 이상 저는 독자님의 찬란한 삶이 가장 찬란히 빛나기를 소원하며, 언제나 같은 자리에서 언제나 같은 마음으로 열렬히 응원하겠습니다. 사랑합니다, 나의 소중한 독자님.

- 현이 올림.

차 례

1장 레프 톨스토이

영혼과 고통

삶과 행복

말과 생각

3장 루트비히 비트겐슈타인

레프 니콜라예비치 톨스토이

Lev Nikolayevich Tolstoy, 1828~1910

러시아를 대표하는 소설가이자 사상가. 1828년 명문 백작가의 4남으로 태어났으며, 어려서 부모를 잃어 고모 밑에서 성장했다. 그는 농민 학교를 세워 농민과 아동 교육에 힘쓰는 삶을 살았으며, 《전쟁과 평화》《안나 카레니나》 등 세계적인 걸작과 수많은 작품을 남겼다. 부유한 귀족의 아들로 태어났으나 금욕적 생활을 지향하며, 빈민 구제 활동을 하는 등 인류 사랑의 실천을 위해 모든 부와 명예를 버리고, 1910년 사망하기까지 인생에 대해 끊임없이 고뇌하며, 도덕적 삶을 구현하고자 노력했다.

1장

레프 톨스토이

영혼과 고통

01

영혼을 위해 사는 길을 걸어라

1. 인간에게는 언제나 불행에서 벗어날 피난처가 있다. 그곳은 바로, 그 자신의 영혼이다. 영혼을 의식하며 살면, 어떤 불행도 두렵지 않다.

2. 삶에는 육체를 위해 사는 길과, 영혼을 위해 사는 길이 있다. 육체를 위한 삶은, 허무한 욕망 속에서 점점 약해지다 결국엔 죽음으로 끝난다. 반면 영혼을 위해 산다면, 삶의 기쁨은 점점 커지고, 죽음은 더 이상 두렵지 않게 된다. 자신을 물질적 존재로 본다면, 도저히 풀 수 없는 수수께끼처럼 느껴진다.

3. 육체 속 영혼이 진정한 자신임을 깨달을 때, 수수께끼는 사라지고, 세상은 이해하기 쉬운 곳이 된다. 우리가 가진 물리적인 힘을 대자연의 힘과 비교하면, 인간은 정말이지 아무것도 아니다. 하지만 영혼의 힘을 생각한

다면, 우리는 세상 다른 모든 것들보다 앞선다. 영혼을 위해 사는 길을 걸어라.

4, 철은 돌보다 강하고, 돌은 나무보다 강하며, 나무는 물보다 강하고, 물은 공기보다 강하다. 그러나 보이거나 들리지 않지만, 다른 무엇보다 강한 것이 존재한다. 과거에도 있었고, 지금도 있으며, 영원히 사라지지 않고 남을 그것은 바로 영혼이다. 우리는 산맥과 태양, 우주의 별들에 감탄한다. 하지만 영혼과 비교한다면 모두 하잘것없다. 영혼은 세상에서 가장 강한 존재다.

5, 우리는 많은 것을 알고, 매 순간 많은 일을 하고 있지만, 가장 중요한 것은 빠뜨렸다. 우리는 쓸모없는 것은 무수히 많이 알고 있으나, 정작 가장 중요한 우리 자신은 알지 못한다. 우리 안에 사는 영혼에 대해 알고 기억할 수만 있다면, 삶은 완전히 달라질 것이다.

6, 사람은 이 세상에서 가장 중요한 일이 눈에 보이는 것, 이를테면 집을 짓거나, 땅을 일구는 일이라고 생각한다. 자신의 영혼이 하는 일 같이, 눈에 보이지 않는 것은 중요하지 않게 여긴다. 하지만 보이지 않는 일, 자신의 영혼을 개선하는 일이 세상에서 가장 중요한 일이다. 눈에 보이는 모든 일은, 이 중요한 일을 하고 나서야 쓸모가 있는 것이다.

7, 행복한 삶은 우리 인생의 과제다. 현명한 사람은 세상의 지위 따위에 연연하지 않는다. 삶의 의미는 긴지 짧은지, 고통스러운지 아닌지로 결정되지 않는다. 삶의 의미는 오직 영적 완성, 즉 자기완성을 위한 노력에 있으며, 이런 노력은 누구나 가능하고, 또 언제든 가능하다.

8, 개개인의 삶이 얼마나 다른가는 중요치 않다. 완성으로 가기 위한 거리는 누구에게나 똑같기 때문이다. 우리는 모두 완성에서 아주 멀리 떨어져 있다. 그러므로 우리는 언제나 학생이 되어야 한다. 만약 인생의 스승을 찾아 배우고자 한다면, 단순하고 겸손한 사람으로 찾아라. 진정으로 위대한 사람은, 그런 이들 속에만 있다.

9, 사람은 모두 자기가 희망하는 일을 이루고 싶어 한다. 하지만 자기 안에 있는 영혼이 인도하는 길은 걷지 않으려고 한다. 도대체 이유가 무엇일까. 그 길이야말로 자신에게 무엇보다 올바른 길일 텐데.

10, 인생의 가장 중요한 문제들은 홀로 결정할 수밖에 없다. 자신 외엔 누구도 자신의 인생을 이해하지 못하기 때문이다. 따라서 삶의 핵심은 자기 안의 영혼과 어떤 관계를 맺고 있는지, 그 영혼의 존재를 어떻게 인식하는지, 영혼의 목소리를 얼마나 잘 따르는지에 있다.

11, 어딜 가든, 생각은 너를 따라다닌다. 삶의 핵심이자 자유와 힘의 원천

인 영혼도 늘 함께 다닌다. 보이는 것에서 보이지 않는 것으로. 즉, 물질에서 영혼으로 시선을 돌려라. 그래야만 사물의 진정한 의미를 파악할 수 있고, 가장 바람직한 결정을 내릴 수 있게 된다.

12, 삶은 위험으로 가득 차 있기에, 인간은 언제든 죽을 준비를 해 두어야 한다. 그렇게 하면 삶이 자유로워지고, 타인을 사랑하며, 영혼을 살찌우는 데 힘을 쏟게 된다. 살아 있는 동안 영혼을 위해 육체를 희생해야 한다. 삶에서 가장 기쁘고 진실한 일은, 영혼을 살찌우는 일이다.

13, 어리고 생각이 얕은 사람일수록, 생명의 근원이 육체에 있다고 믿는다. 더 나이가 들고 사려 깊은 사람일수록, 생명은 영혼에 있다는 것을 안다. 육체가 아무리 가까이 있더라도 육체란 결국 남의 것이고, 영혼만이 자기 것임을 기억하라. 죽음이 찾아오면, 영혼을 제외한 모든 것을 되돌려줘야 한다.

14, 소유욕이 인간의 영혼을 가장 소모시킨다. 따라서 자신의 영혼 외에는, 그 어떤 것도 자기 소유라고 주장하지 않는 사람은 행복하다. 그런 사람은 탐욕스럽고, 사악한 사람들에게서 미움을 받으며 산다고 해도 행복하다. 그의 행복은 누구도 빼앗아 갈 수 없다.

15, 자기 삶의 본질이 육체가 아닌, 영혼에 있다고 믿는 자만이 자유로울

수 있다.

16, 육체 안에 영혼이 없다면 삶도 없다. 육체는 영혼을 속박하고, 영혼은 언제나 육체로부터 자유로워지고자 한다. 결국 이것이 삶이다. 육체가 아 닌 영혼을 위해 살 때, 비로소 진정한 삶이 시작된다.

17, 너에게 진정으로 좋은 것은 몇 가지 되지 않는다. 그러므로 너는 그런 것을 갈망해야 한다. 너는 영혼의 삶을 지향하고, 거기에 노력을 다해야 한 다. 이것은 새의 날개를 갖는 것과 같다. 영혼의 삶을 위해 노력하면, 장애 물이 나타났을 때 날개를 펴고 위로 오르게 된다.

18, 영혼을 위해 사는 사람은, 캄캄한 집안에 빛을 품고 들어온 사람과 같 다. 어둠은 이내 걷힌다. 그런 삶을 굳게 지켜 나간다면, 마음속에 넘치는 광명이 있을 것이다.

02

좋은 일이란 깨끗한 영혼에만 담긴다

1, 영혼은 다른 영혼의 영향을 쉽게 받는다. 타락하고 문란한 사람과의 교류는 영혼을 파괴한다. 영혼에 해로운 교제는 두려워하며 피하고, 좋은 사람들과의 교제는 소중히 하며 구하라.

2, 영혼보다 귀한 것은 아무것도 없다. 영혼을 깨끗이 하라. 집 안이 잘 정돈되어 있지 않으면 나쁜 것이다. 영혼이 잘 정돈되어 있지 않으면, 그것은 더 나쁜 것이다. 깨끗한 공간에만 좋은 감정이 생기듯, 깨끗한 영혼에만 좋은 일들이 담기는 법이다.

3, 새 신발을 신은 사람은, 진흙탕을 밟지 않으려 주의를 기울인다. 하지만 실수로 신발을 더럽히면, 어차피 더러워진 거 개의치 않고 그냥 걷는다. 네 영혼의 삶이 그렇게 되지 않도록 하라. 잘못하여 진흙탕에 들어갔다 해도,

곧 빠져나와 자신을 깨끗이 해야만 한다.

4, 깊은 강의 물은 돌을 던져도 흔들리지 않는다. 타인의 무례한 말에 상심하는 사람은, 깊은 강이 아닌 진흙탕 웅덩이인 셈이다. 영혼을 깨끗이 하는 것은 자유로워지는 것이다. 분노나 짜증 같은 감정에 매번 사로잡힌다면, 어떻게 자유로울 수 있겠는가? 영혼이 자유롭지 못한 자는 보아도 볼 수 없고, 들어도 듣지 못하며, 먹어도 그 맛을 모른다.

5, 우리는 악으로 고통받고, 악과 싸우고 있다. 이런 싸움의 원인은 우리가 완전하지 않다는 데 있다. 우리를 구원하는 것은, 악과 싸우길 포기하지 않는 것이다. 악, 즉 유혹과 편견과 죄에 맞서라. 너 자신을 악으로부터 굳건히 지켜라. 거기에 커다란 행복이 있다. 만약 신이 악과 싸우는 능력을 앗아갔다면 우리는 영원히 악에 사로잡혔을 테지만, 그런 일은 없었다.

6, 영적 세계는 육체적 세계보다 모든 것이 훨씬 더 긴밀히 연결돼 있다. 모든 기만은 반드시 또 다른 기만을 부르고, 모든 잔학은 반드시 또 다른 잔학을 부른다. 악이 움트는 것을 주시하라. 악이 움트는 것을 알리는 영혼의 목소리가 있다. 그럴 때면 마음이 불편하고 부끄러워진다. 그 목소리를 믿어라. 잠시 멈춰 찾아보면, 분명 악의 씨앗을 발견할 것이다.

7, 인간은 자신의 영혼을 멸망시킬 수도 있고, 구원할 수도 있다. 인간이 사

는 목적은, 자신의 영혼을 구원하는 것이다. 자신의 영혼을 구원하기 위해선 경건하게 살아야 한다. 경건하게 살기 위해선 쾌락을 줄이고, 고통을 감내하그, 성실히 일하며, 겸손하게 또 자비롭게 살아가야 한다.

8, 생경의 본질은 육체가 아닌 영혼에 있다. 영혼이 육체를 인도하는 것이지, 결코 그 반대가 아니다. 그러므로 자신을 개조하려면 영혼을 개선해야 한다. 육체는 유지되기 위해 스스로 끊임없이 노력하기에, 영혼 또한 그만큼 노력해야 한다. 영혼을 개선하기 위한 노력을 그치는 순간, 육체의 지배를 받게 된다.

9, 영적으로 성장하고, 다른 사람들의 성장을 돕는 것이 삶이다. 영혼의 삶과 그 성장을 의식하지 못하는 사람에게 현실은 무서운 것이다. 육체적 삶만 고집하면 파멸의 길을 피할 수 없고, 마침내 사라지게 된다. 영혼을 인식하고 그것에 기대어 살아간다면, 무엇으로도 파괴되지 않으며, 끝없이 늘어만 가는 기쁨을 알게 될 것이다.

10, 육체적인 삶에 집중하는 것보다 자신과 타인에게 해로운 것이 없고, 영혼의 개선에 힘쓰는 삶보다 자신과 타인에게 유익한 것이 없다. 오직 영혼을 드높이는 일을 하라. 그럼으로써 사회에 더욱 유익한 존재가 되어 간다고 믿어라. 이것이 삶을 향상시키는 길이다.

11, 영혼을 위한 노력과 인생을 아는 기쁨은, 육체적 활동과 휴식처럼 밀접한 관계가 있다. 육체적 활동 없이 휴식에서 오는 기쁨이란 없다. 영혼을 위한 노력 없이, 인생을 아는 기쁨을 누릴 수 없다. 늘 자신의 영혼을 생각하며, 건강한 영혼을 위해 부단히 노력하라.

03

고통 없는 삶엔 기쁨이 있을 수 없다

1, 고통 없이 기쁨은 존재할 수 없다. 고통과 기쁨은 서로를 불러오고, 서로에게 필수적인 양극단의 상태다. 고통의 이유와 목적이 무엇이냐는 질문이 무슨 의미가 있는가. 우리는 종종 '왜일까? 이 고통은 무엇을 위한 것일까?' 묻고는 한다. 그런데 왜 기쁨에 대해선 묻지 않는가?

2, 동물이나 사람이나, 모든 삶은 끊이지 않는 고통의 연속이다. 모든 생물의 모든 활동은 고통을 통해서만 발생한다. 고통은 병적인 감각인데, 이 병적인 감각이 활동을 불러일으키고, 그 활동이 병적인 감각을 없애며 기쁨의 상태를 가져온다. 그리고 삶은 고통으로 파괴되지 않을 뿐만 아니라, 오히려 고통 덕분에 완성된다. 따라서 고통은 삶을 움직이는 핵이고, 반드시 존재해야 하는 것이다.

3, 부상, 추위, 굶주림, 질병, 온갖 불행한 사고들, 더 중요하게는 세상에 나올 때 우리 모두 통과한 출산 등, 이 모든 고통이 인간의 필수적 조건이다. 고통을 감소시키고, 또 고통에 도움을 주는 것. 바로 이것이 인간의 이성적인 삶의 내용을 이루는 것이며, 삶의 참된 활동이기 때문이다.

4, 개인이 겪는 고통의 원인과, 사람들 잘못의 원인을 이해하고 감소시키기 위해 활동하는 것이, 인생이 하는 일의 전부다. 네가 사람 즉 개체인 것은, 다른 개체들의 고통을 이해하기 위함이고, 네가 이성적 의식을 가진 것은, 개개인의 고통에서 고통의 일반적 원인인 잘못을 보고, 너와 다른 이들 안에서 그것을 없애기 위함이다.

5, 고통받는 사람들을 사랑으로 섬기고, 고통의 일반적 원인인 잘못을 없애는 활동은, 사람이 해야 하는 유일하게 기쁜 작업이며, 그 작업은 그의 삶의 의미인 고유한 행복을 그에게 준다.

6, 너 자신과 다른 이의 잘못에서 고통의 원인을 보고도, 너의 활동이 고통의 원인, 즉 잘못에 집중되지 않는다면, 고통에서 벗어나고자 애를 쓰지 않는다면, 마땅히 해야 할 일을 하지 않는다면, 고통이 너에게 일어나지 말았어야 할 일로 생각하게 된다. 그럼 고통은 현실에서뿐만 아니라 상상 속에서도, 생명의 가능성을 배제하는 끔찍한 크기로 자라나게 된다.

7, 네 안에 잘못이 커지면 커질수록, 너와 주변 사람들의 고통은 더욱 커진다. 반대로 잘못에서 자유롭게 될수록 너와 주변 사람들의 고통은 적어지고, 너는 더 큰 행복에 도달하게 된다. 그리고 고통이 너에게 주는 진리에 대한 지식이 커지면 커질수록, 더욱 커다란 행복에 이른다.

8, 고통으로부터 오는 통증의 괴로움은, 자기 삶을 오직 동물적 생존에만 두고 있는 사람에게 참으로 끔찍한 일이다. 괴로움을 줄이거나 없애라고 인간에게 주어진 이성의 힘이 제대로 쓰이지 못하고, 오히려 그 괴로움을 확대하는 방향으로 나아갈 때, 어찌 그것이 끔찍한 일이 되지 않을 수 있겠는가.

9, 죽음과 고통의 모습을 취하는 악은, 사람이 자신의 동물적이며 육체적인 생존만을, 자기 삶의 유일한 법칙으로 받아들이고 살 때 눈에 보인다. 다시 말해 사람이면서 동물의 수준으로 살고 있을 때, 쾌락과 본능에 좌우되면서 살 때, 그럴 때만 사람은 죽음과 고통을 보게 되는 것이다.

10, 쾌락의 증대는 투쟁의 강도를 높인다. 고통에 더욱 민감하게 만든다. 죽음이 다가오게 한다. 쾌락이 극한에 이르면, 더 증대되지 못하고 고통으로 전환된다. 그리고 고통에 민감해지는 일 하나만 남게 되고, 한결같은 고통 가운데 점점 다가오는 죽음에 대한 공포만 커지게 된다. 쾌락을 추구하는 것은, 곧 지옥을 추구하는 것이다.

11, 세상의 삶과 자신을 일체 분리하고, 고통을 세상에 일부 가져온 자신의 죄는 전혀 보지 못한 채, 자기 혼자만 아무 죄가 없다 간주하고, 그러므로 세상 혹은 타인의 죄들로 인해 자신에게 고통이 오는 거라고 생각하며, 원망하고 격분하는 사람만 고통의 괴로움을 겪는다.

12, 불은 파괴력을 지니지만 따뜻함도 준다. 고통도 마찬가지다. 나는 몸이 아플 때 오히려 기쁨을 느낀다. 아픈 동안엔, 일상의 걱정거리가 어느 정도 사라지기 때문이다. 하지만 몸이 회복되고 나면, 다시 그 부담을 느낀다. 무슨 말인지 알겠는가? 결국 고통의 가장 큰 원인은 네 안에 있음을 기억하라.

13, 고통의 증가는 매우 정확하게 크기가 정해져 있어서, 결코 자기 한계를 벗어날 수 없다. 단지 고통에 대한 지각이, 너의 태도로 인해 무한대로 커질 수도 있고, 무한대로 작아질 수도 있는 것이다.

04

고통은 삶의 참된 의미를 드러낸다

1, 인간에게는 고통이 필요하다. 밤하늘이 별을 드러내듯, 고통은 삶의 참된 의미를 드러낸다. 인간은 고통을 이해하며, 육체가 일시적인 존재에 불과하다는 사실을 깨닫는다. 인간은 고통을 겪어야만 진정한 삶, 영혼 속에 사는 삶에 이를 수 있는 것이다.

2, 슬픔과 실패 같은 고통이 없다면, 기쁨과 성공은 무엇에 비교하겠는가? 인간은 사소한 문제들로 쉽게 균형을 잃지만, 질병과 죽음 같은 커다란 문제는 인간을 영혼의 삶으로 인도한다.

3, 곤충과 비교해보면, 자신이 크고 중요한 존재라 느껴질 것이다. 지구와 비교하면 한없이 작게 생각될 것이다. 그 지구도 태양과 비교하면 모래알이다. 그 태양도 은하계와 비교하면 보잘것없다. 한 사람의 육체를 태양이

나 별에 비교하면 어떻겠는가? 육체는 아무것도 아니다. 자신을 영적 존재로 여긴다면, 고통에서 벗어나 어떤 일에도 쉬이 흔들리지 않을 것이다.

4, 너에게 일어나는 모든 나쁜 일들을, 환자가 먹는 약처럼 생각하라. 약은 쓰지만, 몸을 고친다. 고난과 역경은 영혼에는 약이 되므로 기뻐하라. 고통은 자신을 세상과 동떨어진 존재로 보고, 자신만은 결백하다고 믿을 때, 영적 성장과 고통을 전혀 연결 짓지 못할 때만 괴롭다.

5, 고통은 육체의 성장과, 영혼의 성장의 필수 조건이다. 고통은 반드시 도움이 된다. 세상이 주는 어떤 고통도 결코 무익하지 않다. 모든 고통은 우리를 더 나은 존재로 만들어 주기 때문이다. 고통 속에서 성장의 의미를 찾아라. 그러면 쓰라림은 이내 사라질 것이다.

6, 고통을 가볍게 할 수 있는 두 가지 방법이 있다. 하나는 자신의 고통보다 더 큰 타인의 고통을 생생하게 그려 보는 것이다. 또 하나는, 고통을 참는 데는 격분하면서 괴로워하는 나쁜 방법과 고통에 자신을 맡기고, 인내하는 좋은 방법이 있다는 것을 아는 것이다.

7, 마음이 괴로울 때는 너 자신 외에 누구에게도 토로하지 말고, 침묵을 지키며 참는 것이 중요하다. 네 고통은 타인에게 전염되어 그들을 괴롭혀 관계를 망치기도 하지만, 네 속에서 완전히 타 버려 너를 고양시키고, 더 큰

성장으로 이끌어 주기도 한다. 괴로울 때는 자기 안으로 깊숙이 들어가라. 그리고 거기서 유익한 깨달음을 발견해 내라. 그것은 앞으로 살아가는 데 무엇보다 큰 도움이 될 것이다.

8, 고통은 신이 우리를 위해 보낸 거라고 이야기하면서도, 우리는 이를 진정으로 받아들이지 못한다. 분명한 진실인데도 말이다. 고통을 이기면 우리 삶은 한층 강해지고, 이전보다 훨씬 즐겁고 의미 있는 것으로 변한다. 고통 자체를 보지 말고, 고통 뒤에 떠오를 무지개를 보라.

9, 그통을 견뎌 낸다면, 오랫동안 경험하지 못한 참된 행복을 느낀다. 인생에서 가장 멋지고, 웃음 가득했던 순간들. 살아 있음 그 자체만으로도 행복했던 순간들. 그 모든 순간이, 머릿속에서 과거가 아닌 현실로 되살아난다. 힘들고 괴롭더라도 포기하지 말고 견뎌 내기를 진심으로 희망한다.

05

정녕 육체의 노예로 살다 죽어도 좋은가

1, 어린 시절엔 누구나 육체를 만족시키려고 한다. 하지만 어른이 되어서까지 그래서는 안 된다. 호사스러운 음식을 먹고, 값비싼 옷으로 치장하며, 멋진 오락거리를 끊임없이 원해서는 안 된다. 만족시켜야 하는 것이 많아질수록, 더욱 큰 속박을 당하게 된다. 계속해서 더 많은 것을 가지려고 하니까, 마음이 편할 날이 없는 것이다.

2, 크게 바랄수록 자유는 적어지는 법이다. 그런 것들에 신경을 덜 쓸수록, 더 많은 자유를 얻는다. 육체를 돌보는 일은 필요할 때만 하라. 육체를 즐겁게 하려고 여러 방법을 고안하지 말라. 육체를 지나치게 보살피는 것은, 자기 자신을 해치는 길이다.

3, 육체의 욕망은 무언가 더 달라고 자꾸 떼쓰는 아이와 같다. 더 많이 줄

수록 더 많은 요구가 이어지고, 여기엔 한도가 없다. 육체의 욕망만 따라가면, 육체는 점점 약해진다. 반대로 이를 너무 무시해도 육체가 약해질 것이다. 따라서 중도를 지키는 것이 유일한 길이다.

4, 건강도 마찬가지다. 인간의 건강은 스스로 절제할 수 있는 능력에서 나온다. 건강을 소홀히 하면, 사랑하는 이들을 도울 수 없다. 몸에 지나치게 신경 쓰는 것도 같은 결과를 불러온다. 중도를 찾으려면, 그들을 지속적으로 도울 수 있을 만큼만 몸을 보살피면 된다.

5, 위장은 영혼의 손발을 묶은 족쇄와도 같다. 건강하려면 즐거움을 위해서가 아니라, 허기를 없애기 위해 먹는 정도에 그쳐야 한다. 조금 먹었다고 후회하는 사람은 없다. 배고플 때만 먹는다면 병에 걸릴 일도 적고, 과식을 저지를 위험도 줄어든다. 음식, 음료, 그리고 움직임의 양을 영혼에 적합하게 조정하라. 적합한 수준을 유지할 수만 있다면, 최고의 주치의를 둔 셈이다. 습관의 주인이 되어라. 습관이 주인이 되도록 내버려 둬서는 안 된다.

6, 자기 마음이 있는 곳에 자신의 보물이 있다. 비싼 차, 멋진 옷 등 육체를 만족시키는 것에 보물이 있다고 생각하는 사람은, 이런 것만 추구하다 인생을 소모한다. 육체를 위해 에너지를 사용할수록, 영혼에 기울일 에너지는 줄어든다. 따라서 영혼은 점점 나약해지고, 인생의 끝없는 고난 앞에서 결국 자멸하게 된다.

7, 영혼이 아닌 육체에 노력을 집중하는 사람은 튼튼한 날개로 나는 대신, 가냘픈 다리로 종종걸음치며 목적지까지 가려는 새와 같다. 육체가 생존하기 위해 꼭 필요한 것이 무엇인지는 분명하다. 걸칠 옷과 먹을 빵조각이다. 하지만 육체는 끝없이 더 많은 것을 열망하고, 이를 완벽히 충족시킬 길도 없다. 진정 육체의 노예로 살다 생이 막을 내려도 괜찮은가?

8, 네가 과거에 욕망을 충족시키려다, 얼마나 많은 것을 잃었는지 떠올려 보라. 미래에도 똑같을 것이다. 욕망을 누르고 달래라. 그것은 언제나 유익하고, 언제나 가능한 일이다. 욕망을 억제하면 할수록, 인간은 자신의 가치를 더욱 의식하게 되고, 더욱 자유롭고, 더욱 용감해진다.

9, 물론 일상 속에서 유혹과 싸우며, 욕망에 저항하기란 절대 쉽지 않은 일이다. 그러므로 홀로 있을 때 목표를 정하고, 계획을 세워야 한다. 그러면 그것들과 싸워 나갈 힘이 생긴다. 혼자 있는 시간을 되도록 많이 가져라. 그리고 가장 작은 유혹부터 물리쳐 나가라. 그럴수록 삶은 더욱더 창조적이며 아름다운 길로 접어들 것이다.

10, 인생을 살며 유혹과 마주치는 경우는 허다하다. 유혹은 올바른 삶에 계속 따라다니는 동반자다. 선한 삶의 길을 더 많이 걸어갈수록, 맞서야 하는 유혹은 더욱 많아진다. 인간은 완벽할 수 없기에, 유혹에 빠질 때도 분명히 생길 것이다. 하지만 유혹은 늪과도 같아서, 더 깊이 빠져들기 전에 가능한

한 빨리 벗어나야 한다.

11, 욕망을 극복하고자 노력함에도 불구하고, 욕망이 널 지배한다고 느낄 때도 있을 것이다. 그럴 때 정복할 수 없다며 단정 짓지 마라. 한순간일 뿐이다. 훌륭한 마부는 단번에 말을 서게 할 수 없을 때도 고삐를 놓지 않는다. 계속 고삐를 잡아당겨 말을 멈추게 한다. 그러니 단번에 유혹에서 벗어나지 못해도 계속 싸워야 한다. 결국엔 욕망이 아닌, 네가 승리하게 될 것이니 포기하지 말라.

12, 적게 가진 것에 익숙해질수록, 뭔가를 잃는 것에 대한 두려움이 줄어든다.

13, 절제하는 생활을 하면, 누구나 결핍과 부러움 없이 살 수 있다. 절제는 단번에 이루어지지 않지만, 언젠가는 이루어질 수 있다. 인간의 삶은 욕망의 강화가 아니라, 약화를 향해 나아가야 한다. 시간이 절제와 그 노력을 도와줄 것이다.

14, 욕망에 지배받을 때는 그 욕구가 원래 네 영혼의 것이 아니라, 일시적으로 영혼의 본성을 가리는 어둠일 뿐이라고 생각하라. 욕망을 억제하지 못하고, 여러 번 그것에 진다 해도 절대로 낙심하지 마라. 그 싸움을 계속할수록 욕망은 약해지고, 쉽게 이겨낼 수 있다.

삶은 운동이다.
따라서 삶의 행복은 일정한 상태가 아닌,
올바른 방향으로 계속 나아가는 운동이다.

삶과 행복

06

더 잘 살기 위해, 행복하기 위해 살아라

1, 사람은 오직 잘 살기 위해, 그리고 행복하기 위해 살아야 한다. 행복을 바라는 염원을 느끼지 못하면, 자신이 살아 있다고 느끼지 못한다. 사람은 행복을 염원하지 않는 삶을 상상할 수 없다. 각 사람에게 산다는 건 행복을 염원하고 쟁취한다는 것이며, 행복을 염원하고 쟁취한다는 건 산다는 것과 같은 의미다.

2, 삶이란 행복 추구이며, 행복 추구가 곧 삶이다. 그러므로 인생이란 인간적 행복을 얻고자 하는 노력이고, 인간적 행복을 얻고자 하는 노력이 곧 인생이다. 하지만 군중 즉 생각하지 않는 사람들은, 인간의 행복을 그의 동물적 욕구의 충족으로만 이해한다.

3, 인간에게 삶의 목적은 행복이지만, 동물적 욕구의 충족으로는 행복을 얻

을 수 없다. 동물적 만족을 행복으로 착각하는 거짓된 삶이 아닌, 참된 행복을 위해 이성적 의식이 지시하는 고차원의 삶을 살아라. 눈앞의 이익을 추구하지 말고, 자기중심의 이기주의를 뛰어넘어라. 이웃과 자연을 생각하며, 절제하고 사랑하면서 살아야 한다.

4, 인간이 이기적으로 영위하는 쾌락의 기쁨을 파기하고, 더 높고 고결한 삶을 향해 나아갈 때 행복은 저절로 주어진다. 행복이란 인간 개개인이 동물적 본능을 초월하여, 타인을 위해 선을 행할 때, 선한 삶을 위해 노력할 때 성취 가능한 것이다. 한마디로 절제와 극기, 인류애가 행복의 필수 요건이다.

5, 우리는 우리가 마땅히 살아야 하는 모습으로, 노력하면 살 수 있는 모습으로 살고 있지 않다는 것을 알고 있다. 삶은 더 좋아질 수 있고, 더 좋아져야 한다는 것을 결코 잊어서는 안 된다. 지금의 삶을 비판하기 위해서가 아니라, 더 나은 삶을 만들기 위해 잊지 말아야 한다. 삶이 지금보다 더 좋아지리라 믿으며, 더 나은 삶을 추구해야 한다.

6, "인간은 약한 존재이고, 어차피 성자가 될 수 없으며, 노력해도 소용없으니 그냥 다른 사람들처럼 살면 된다."라고 사람들은 흔히 말한다. 이 말에는 커다란 오류가 있다. 성자가 되기 위해서가 아니라, 어제보다 더 나은 사람, 더 좋은 사람이 되기 위해 살아야 하는 것이다. 이것이 삶에서 가장

중요한 일이며, 행복이 거기에 있다.

7, "행복"이란 인간 생명의 깊은 동물적 속성을, 즉 동물적인 본능을, 자신의 이성에 종속시킬 때만 획득할 수 있는 무언가다. 따라서 참된 삶의 행복을 위해 무엇보다 먼저 알아야 할 것은, 행복을 얻기 위해 네가 지금 여기서, 너의 동물적 자아와 욕구를 무엇에 복종시킬지에 대한 것이다. 이성은 너게 그것을 알려주고, 이승에서 행복의 중단을 보지 않을 수 있는 유일한 길을 가르쳐 준다.

8, 인간의 이성은, 사람을 생명의 유일한 길 위에 세워 둔다. 그 길은 점점 더 넓어지는 원뿔형의 터널처럼, 사방에 그를 둘러선 벽 사이로, 저 멀리 참된 생명과 분명한 행복의 무한대를 열어 보여준다. 욕망과 욕구가 아닌, 이성에 충실하여 살 때 인간은 비로소 행복해진다.

9, 인간은 자신에게 선천적으로 주어진 이성의 힘을 믿고, 그 이성의 목소리에 복종하는 삶을 살아야 한다. 소유가 아닌, 존재에 집중하는 삶을 삶아야 한다. 자급자족하며 절제하고 나누는 삶을 살아야 한다. 이것이 진정한 삶이고, 이 안에 진정한 행복이 있다.

10, 만약 인간에게 이성이 없다면 선악을 구별할 수 없고, 진정한 행복도 찾아 누릴 수 없을 것이다. 이성은 삶을 이끄는 지도자다. 모든 사람이 네

생활을 비난하더라도, 이성에 따라 사는 것이 생활의 지혜다.

11, "사색할 때도, 생활할 때도, 대화할 때도, 정진할 때도 나는 가장 중요한 것, 즉 이성의 요구를 절대 잊지 않는다."라고 부처는 말했다. 이성의 요구에 따르는 것은 의무다. 우리는 이성의 요구에서 멀어질수록 자유를 잃고, 자신의 욕망과 타인에게 얽매이게 된다. 참된 자유는 오직 이성을 통해 얻을 수 있다.

12, 어떤 것도 이성의 결정을 뒤엎지 못한다. 안다는 것은 이성을 통해 아는 것이다. 그러므로 이성에 따르지 말라는 사람들을 믿어서는 안 된다. 그 말은 암흑 속에서 너를 인도해 주는, 하나뿐인 등불을 끄라는 말과 똑같다. 이성이 삶의 지침일 수 없다고 말하는 사람들은 이성을 거부함으로써, 자신의 삶을 망치고도 개선하려 하지 않는 사람들일 뿐이다.

13, 삶이 위대하거나 과분한 기쁨으로 느껴지지 않는다면, 네가 이성적으로 살고 있지 않기 때문이다. 비이성적인 삶을 살수록, 인간은 자유와 행복에서 멀어진다. 지금 자유롭고 행복하지 못하다면, 그 원인을 너 자신에게서 찾아라.

07

자기 행복만 추구하는 삶은 악이다

1, 삶의 목적이 자신의 행복에만 있다면, 삶은 가혹하고 허망할 뿐이다.

2, 동물에겐 개체의 행복을 목적으로 삼지 않는 활동, 즉 개체의 행복과 정반대되는 활동이 삶의 부정이다. 하지만 사람은 아니다. 오직 자신의 행복만을 성취하고자 하는 인간의 활동은, 인간적 삶의 완전한 부정이다. 자신의 행복 빼고는 다른 어떤 목적도 자기 앞에 두지 않는 삶은, 악이고 무의미한 것이다.

3, 개인적인 행복만 추구하는 삶은 불행한 삶이다. 왜냐하면 그 삶이 보여주는 노력은, 결국 죽음에 의해 산산조각 나고 말기 때문이다. 절대 자기자신만을 궁극적인 목적으로 삼고 삶을 영위하지 마라. 그 삶은 틀림없이 끔찍한 불행으로 귀결된다.

4, 하늘과 땅은 영원하다. 하늘과 땅은 자신만을 위해 존재하지 않기에 영원한 것이다. 이와 마찬가지로, 진실로 거룩한 사람은 자신만을 위해 살지 않는다.

5, 자기만을 위한 행복은, 그 사람을 이기주의자로 만든다. 이기적인 사람은 뭘 하든 항상 한계에 부딪힌다. 그래서 절대로 행복할 수 없다. 이기적인 것과 한계가 있는 것은 서로 깊은 상관관계를 가진다. 이기적이기 때문에 한계가 생기는 것이고, 그 한계 때문에 계속 이기적이게 되는 것이다. 이기적인 마음 하나만 버리면, 이 굴레에서 해방될 수 있다.

6, 사람이 무슨 일을 하든, 삶의 법칙에 부합하여 살지 않는 한 행복은 얻을 수 없다. 그 삶의 법칙이란, 투쟁이 아닌 "존재 상호 간의 섬김"이다. 다시 말해 행복의 불가능성을 타파하기 위해선, 자신만의 행복 추구를 다른 존재들의 행복 추구로 대체할 수 있어야 한다. 그때 행복은 성취 가능한 것으로 변한다.

7, 어떤 사람이 자신만을 위한 행복 추구를, 다른 존재들을 위한 행복 추구로 바꿀 수 있다는 가능성을 마음으로 허용하면, 그의 삶은 예전의 우둔함과 비참함 대신, 현명하고 선한 것으로 변한다. 삶은 예전의 무의미함과 무목적성 대신, 그에게 고귀한 의미로 다가온다.

8, 모든 생명체는 서로 밀접한 관계를 맺고 있다. 잘 생각해 보라. 어느 한 쪽이 고통받으면, 다른 쪽도 고통받는다. 반면 한쪽이 행복하면, 그 행복이 다른 쪽에게도 옮겨진다. 다른 생명체에게서 자신의 모습을 볼 수 있게 될 때, 그때 비로소 인생을 이해할 수 있다.

9, 모든 이가 자신을 사랑해 주길 바라고, 자신도 자신만을 사랑하며, 가능한 한 더 많은 만족을 얻으려 애를 쓰고, 고난과 죽음에서 벗어날 수 있는 무언가가 필요한 개인의 삶은, 끊이지 않는 가장 큰 고통이다.

10, 네가 자신을 지나치게 사랑하면 할수록, 다른 사람과 싸우면 싸울수록, 사람들은 너를 더욱더 미워할 것이며, 너와 더 독하게 싸울 것이다. 네가 고통에 장벽을 쌓으면 쌓을수록 고통은 더욱 끔찍해질 것이며, 죽음에 장벽을 쌓으면 쌓을수록 죽음은 더욱 두려운 일이 될 것이다.

08

진정 행복하고 싶다면 멀리서 찾지 마라

1. 이 세상에서든 저세상에서든, 행복을 자기 밖에서 찾는 것은 옳지 않다. 자신의 노력이 아닌 다른 곳에서 행복과 구원을 구하려는 것은, 인간을 무엇보다도 나약하게 만드는 원인이다. 행복하길 원한다면 노력하라. 노력은 즐거운 생활로 보상받을 뿐만 아니라, 그 자체로도 큰 행복을 준다.

2. 죽음이라고 하는 결코 피할 수 없는 인간의 조건 속에서, 인간이 행복할 수 있는 유일한 길은 "도덕성"에 있다. 바른 삶, 즉 선한 삶을 위해 노력하라. 네가 행복해질 수 있는 길은 이 길 하나뿐이다.

3. 진정 행복하고 싶다면, 멀리서 행복을 찾지 마라. 부와 명예에서도 찾지 마라. 타인에게 구걸하지도 마라. 타인을 저주하지도 말고, 싸우지도 마라. 그런 수단으로는 진정한 행복을 얻을 수 없다. 너 스스로 얻을 수 없는 것은

네 소유도 아니며, 네게 필요하지도 않다. 너에게 필요한 것은, 언제나 너 스스로 잡을 수 있다. 너의 바른 삶이 그것을 가능케 한다.

4, 삶을 살면 살수록, 더 많이 경험하고 관찰할수록, 이곳 지상에서 쾌락과 행복을 찾는 사람들의 근시안에 점점 더 놀라게 된다. 불가능하고, 부질없고, 부도덕한 행복을 쟁취하기 위해 갖은 애를 다 쓰고, 싸우고 괴로워하며, 자신의 영혼을 더럽히고, 서로에게 악행을 저지르는 사람들의 근시안은 그저 놀라울 따름이다.

5, 개인적 존재의 행복을 불가능하게 만드는 것이 세 가지 있다. 첫째, 개개인이 자신만의 행복을 위해 벌이는 투쟁이다. 둘째, 생명의 낭비와 포만과 고통을 초래하는 쾌락이다. 셋째, 죽음과 세상에 대한 두려움이다.

6, 행복한 사람이 되고 싶은가? 네가 원하는 행복은 이미 모두 주어졌다는 사실을 기억하라. 진정한 행복의 원천은, 너의 가슴속에 있다. 다른 곳에서 행복을 찾는 것은 어리석은 짓이다. 이는 마치 품에 어린 양을 안고 있으면서, 그 양을 두리번거리며 찾고 있는 격이니.

7, 행복은 다른 존재를 사랑함으로써 얻어진다. 사랑할 때 내면에 있는 영혼˚ 하나로 합쳐지기 때문이다. 너와 다른 존재와의 연결을 가로막는 장애물을 모두 끊어내라. 그리고 가능한 한 이 연결을 강하게 만들어라. 많이

사랑하면 할수록, 행복도 많아지는 법이다.

8, 불행한 이여, 도대체 어디서 방황하는가? 더 나은 삶을 찾아 헤매고 있는가? 너는 도망치고 있는 것이다. 행복은 네 안에 이미 들어 있는데 말이다. 자기 안에 없는 행복은 다른 어디에도 없다. 사랑하라! 행복은 타인을 사랑하는 능력이다. 그리고 기뻐하라! 삶의 목표는 기쁨이다. 하늘, 태양, 별, 풀, 나무, 동물, 만나는 사람들에게서 기쁨을 느끼며 살아야 한다. 어린아이처럼 늘 즐거워하라!

9, 너는 네가 원하는 곳 아무 데서나 마음껏 살며, 네가 원하는 일을 마음껏 하면서 즐겁게 지낼 수 있다. 즐길 만한 모든 것을 즐겨도 된다. 즐겁게 살아라. 최대한 즐겁게 살아라. 삶은 즐기는 것이다.

10, 지나치지만 않다면, 자신을 사랑하는 것은 좋은 삶을 위해 꼭 필요하다. 자신에 대한 사랑은 어렸을 땐 아주 강했지만, 어른이 될수록 약해진다. 그것은 타인에게 사랑받음으로써, 다시금 강하게 만들 수 있다. 그렇기에 우리는 서로를 사랑해야 한다. 행복은 천국이냐 지상이냐 하는 것과 무관하다. 행복은 우리 안에 있다. 사랑으로 가득 찬 삶이 행복을 만든다.

11, 우리는 자기 자신을 위해서라도, 사랑 속에 살며 행복과 선을 느껴야 한다. 그렇게 하려면, 가장 먼저 가정 안에서 최선을 다해야 한다. 가정 안

에서 최선을 다하려면, 개인적으로 최선을 다해야 한다. 개인적으로 최선을 다하려면, 내면의 선을 이뤄야 한다. 내면의 선을 이루려면, 마음부터 선해야 한다. 마음부터 선하려면, 좋은 생각을 많이 해야 한다.

12, 언제 어디서나 누구와 함께 있건, 미소가 떠나지 않는 사람이 있다. 그의 미소는 함께 있는 사람과 나누는 이야기가 재밌어서 나오는 게 아니다. 내적인 행복에서 나오는 것이다. 한 사람의 내면은 외모를 통해 드러나기 마련이다. 이런 사람이 되려면, 매 순간 사랑과 행복의 가능성을 보아야 한다. 그러면 마음은 매 순간 기쁨으로 가득할 것이다.

13, 사람은 태어나서 죽을 때까지 복을 바란다. 하지만 복은 이미 주어졌다. 타인을 사랑한다면, 쉽게 복을 얻을 수 있다. 행복해지려면 한 가지만 하면 된다. 다른 사람을 사랑하라. 그러면 끝없는 축복과 행복을 얻을 것이다. 사랑 속에 살게 되면, 고통과 고난의 삶이 순식간에 행복과 축복의 삶으로 바뀐다. 행복과 축복은 사랑으로 가득 찬 심장 안에 있다.

14, 행복하기 위해 필요한 것은 오직 사랑이다. 삶의 목적은 삶의 모든 현상을 사랑으로 꿰뚫는 것이고, 악한 삶을 선한 삶으로 바꿔 가는 것이다. 삶의 목적은 진실한 삶을 창조하는 것, 즉 사랑의 삶을 만드는 것이다. 너의 모든 행동에 사랑을 담아라. 영혼을 더럽히는 것을 전부 씻어내고, 사랑만 남겨라.

15, 가장 중요한 시간은 현재다. 네가 너를 지배할 수 있는 때는 지금밖에 없기 때문이다. 가장 중요한 사람은, 지금 네 곁에 있는 사람이다. 네가 살아있는 동안 또 다른 사람과 함께할 수 있다는 보장은 없기 때문이다. 가장 중요한 일은, 지금 그 사람을 사랑하는 일이다. 모든 인간은 다른 사람을 사랑하기 위해 이 세상에 왔기 때문이다.

16, 우리는 어딘가에서 혹은 다른 어떤 시간에 더 큰 행복을 얻을 수 있을까 싶어, 종종 삶이 주는 행복을 소홀히 한다. 그러나 그런 식의 더 큰 행복은 어느 때, 어느 곳에도 있을 수 없다. 우리 인생에는 이미 최고의 행복이 주어져 있기 때문이다. 그 최고의 행복이란 삶, 바로 그것이다. 그보다 크고 높은 것은 없다.

17, 어떤 삶이든, 삶은 비교 불가한 지고의 행복이다. 만약 삶을 악이라고 말한다면, 상상할 수 있는 다른 삶과 비교했기에 그렇게 말할 수 있을 뿐이다. 어떤 삶이 더 좋은 삶인지 알지도 못하며, 알 수도 없다. 그러니 삶은 어떤 것이든 우리가 닿을 수 있는 최고의 행복이다.

18, 행복하지 않다면, 자신을 탓할 수밖에 없다. 불행은 가질 수 없는 것을 원하는 데서 온다. 행복한 이는 자신이 가진 것에 만족하며 산다. 지금 행복하지 못하다면, 두 가지 변화를 꾀할 수 있다. 하나는 삶의 조건을 낮게 만드는 것이고, 하나는 영혼의 상태를 낮게 하는 것이다. 첫 번째는 늘 가

능하지 않지만, 두 번째는 늘 가능하다.

19, 아무도 빼앗아 갈 수 없고, 죽은 뒤에도 영원히 사라지지 않을 종류의 부를 쌓아라. 이것은 사랑으로 가득 찬 삶을 통해 영혼 속에 쌓는 부다. 시간이 갈수록 마음이 가난한 자의 삶은 점점 더 부끄러운 것이 되고, 점점 더 절망적인 것이 될 뿐이다.

20, 선한 삶만이 행복해질 수 있는 유일하고 진실한 수단이다. 진정한 행복은 언제나 너의 손안에 있고, 그림자가 물체를 따르듯 선한 삶을 따른다.

21, 고통도 악도 없는 낙원에 살고 싶은가? 그러면 마음을 맑고 깨끗이 자유롭게 하고, 사랑으로 가득 채워라. 원하는 천국을 찾을 것이다. 즐거움을 추구하지 말라. 대신 네가 하는 모든 일에서 즐거움을 찾아라.

09

참된 삶, 진정한 삶의 의미를 깨달아라

1, 자아도취에 빠져, 욕망만 추구하는 삶은 무의미하고 악한 삶이다. 단지 자아도취에 지나지 않는 것들 속에선, 어떤 의미도 발견할 수 없다. 땀 흘려 일해서 정직하게 삶을 일궈 나가는 무수히 많은 사람의 삶이야말로, 참되게 살아가는 길이다. 그런 인간의 삶이 진정 참된 삶이다.

2, 자기 안에 갇혀 지내지 마라. 폐쇄적 삶의 틀을 깨고 나와라. 소박하게 일하며 살아가는 이들의 삶을 보아라. 오직 그런 삶만이 진정한 삶이다. 삶과 그 의미를 깨닫고자 한다면, 기생충 같은 삶이 아니라 진정한 삶을 살아야 한다. 그 진정한 삶의 일부가 되어 살아온 인류의 대부분 인간이, 자신의 삶에 부여해 온 의미를 받아들여라. 그리고 그런 삶을 살려고 시도하라.

3, 인간이 살아가려면, 반드시 무언가를 믿어야 한다. 인간은 살아가야 할

이유가 있다는 걸 믿지 않으면 살아갈 수 없게 된다. 그게 꿈이든, 가능성이든, 희망이든, 사랑이든, 뭐든 좋으니 믿어야 한다. 모든 사람은 저마다 자기만의 십자가를 진 채 인생을 사는 것이다.

4, 새들은 둥지를 어디에, 어떻게 틀어야 할지 항상 알고 있다. 그것은 곧 삶의 목적을 알고 있다는 의미다. 모든 창조물 가운데 가장 지혜롭다는 인간은, 왜 새들도 알고 있는 인생의 목적을 알지 못하는 걸까? 삶의 목적 없이 살아가기란 불가능하다. 인간이 해야 할 첫 번째 일은 삶의 의미를 이해하는 것, 삶의 목적을 찾는 것이다.

5, 다른 인간의 지혜는 누구도 반박할 수 없을 만큼 분명하고 옳은 것이라 해도, 자기 삶의 의미에 있어선 어떤 깨달음도 주지 못한다. 그런데도 무수히 많은 사람이, 자기 삶의 의미에 대해 전혀 의심하지 않은 채 살아간다. 너는 달라야 한다. 너는 네 삶의 의미에 대한 문제를 스스로 제기함으로써, 아주 명쾌한 대답을 스스로 얻어 내 살아가야 한다.

6, 인간은 무엇 때문에 사는지 모르면서 살아갈 수 없다. 그러므로 무엇보다도 먼저 자신에게 밝혀야 하는 것은 자기 삶의 의미다. 그 의미를 아는 사람은 과거에도 있었고, 지금도 있다. 언제 어느 때 끝날지 모르는 네 삶이 웃음거리가 되지 않기 위해선, 그 시간의 길고 짧음과는 상관없이 확고한 삶의 의미가 반드시 있어야 한다.

7, 무엇에 자신의 행복과 삶이 있는지 인식해야 한다. 자기 삶에 대한 정의는 지니지 못하고, 그저 다른 존재들에게서 삶을 연구하는 것은, 중심도 갖지 못한 채 동그라미를 그리는 것과 같다. 중심으로서 흔들림 없는 지점 하나를 설정할 때만 동그라미를 그릴 수 있다. 어떤 도형을 그리든, 중심 없이는 둥근 원이 나올 수 없다.

8, 너에게 지금 가장 중요한 질문은, "나는 무엇을 해야 하는가?"이다. 인간이 무엇을 해야 하는지 알고 있다면, 인간이 알아야 할 모든 것을 알고 있는 것이다.

9, 이 세상은 눈물의 골짜기도 아니고, 시련의 장소도 아니다. 이 세상에서의 삶은, 너의 상상을 월등히 초월하는 아주 멋진 것이다. 삶이 준 방법대로만 네가 살아간다면, 삶은 끝도 없이 즐거울 수 있다. 그리고 삶이 준 방법이란, 네가 더 나은 사람이 되는 것. 즉 너 자신의 의지를 따라 실천하며 살아가는 것이다.

10, 사람은 삶 전체를 보려 하지 않는다. 자기 삶의 작은, 아주 작은 부분만 뚫어지게 응시하면서, 지극히 사랑하는 그 작은 조각이 눈앞에서 사라지지 않을까 두려워하며 몸을 떤다. 사람이 생명을 소유하려면 삶 전체를 생각해야지, 고작 작은 시간과 공간 안에서 드러나는 일부만 생각해선 안 된다. 삶 전체를 바라보는 자는 더 받을 것이고, 일부만 바라보는 자는 가지고 있

는 것마저 빼앗길 것이다.

11, 삶의 작은 부분을 바꾸면, 인생이 완전히 달라질 거라는 생각은 어린아이나 하는 것이다. 그것은 카펫에 앉아 끄트머리를 잡아당기면, 하늘 높이 날아오를 수 있다는 생각과 같다. 길을 가려면 어디로 가고 있는지 알아야 하듯, 뭔가를 제대로 하려면 그 방법을 알아야 한다. 어떤 일이든 마찬가지다. 원하는 삶을 살려면, 어떻게 해야 하는지부터 알아야 한다.

12, 인간 안에는 선을 분별할 줄 아는 능력이 있다. 그 능력에 접해 살아야 한다. 이성과 양심은 그 능력으로부터 연유되며, 인생의 목적은 그 의지를 실천하는 것이다. 즉, 선을 행하라. 인간이 살아가는 의미는 타인의 삶을 도와주고, 지지해주는 일을 하는 데 있다.

13, 작은 선행이 사람의 모습을 만든다. 따라서 진정으로 사소한 일이란 없다. 사소한 일을 가볍게 여기지 마라. 인생은 대부분 작고 사소한, 눈에 띄지도 않는 일들로 이루어진다. 그러니 평소에 좋은 말을 하고, 좋은 행동을 하도록 노력하라. 그렇게 쌓인 작은 선행은 사랑이라는 큰 나무로 자라난다.

14, 아침에 눈을 뜰 때마다 너 자신에게 물어라. "오늘은 어떤 좋은 일을 할까?" 태양이 노을을 드리우며 저물면, 네 삶의 일부도 태양과 함께 조금씩

저물어간다는 것을 언제나 기억하라.

15, 정직하고 올바르게 사는 데 따르는 보상은 무엇인가? 그렇게 사는 가운데, 기쁨을 누리는 것이 바로 그 보상이다. 그것 이외에 다른 것을 바란다면, 기쁜 마음이 없어지는 법이다.

16, 아무것도 바라는 게 없고, 아무것도 요구할 게 없고, 아무것도 두려울게 없다면, 그것이야말로 마음이 기쁜 상태다. 너무 많은 사람이 쓸데없이자신을 괴롭힌다. 그저 기쁘게 살면 되는 일을 말이다. 자신이 자신을 괴롭히기 때문에, 기쁜 삶이 불가능해지는 것이다.

17, 유약하고 의지박약한 인간과, 사치스러운 생활에 익숙해진 인간은 올바른 삶을 살 수 없다. 그는 늘 많은 것을 필요로 하며, 남들로부터 받는 모든 것을 소비만 하기 때문이다. 그는 이런 소비로 인해 자기 자신을 약하게만들며, 자신의 모든 가능성을 스스로에게서 박탈한다.

18, 소박하게 식사하는 사람을 본받아야 한다. 육체의 즐거움만 추구하며살아가면, 결국 진정한 기쁨을 느끼지 못하게 된다. 걸을 수 있는데도 걷지않으면 다리가 약해진다. 부와 사치에만 익숙해지면 소박한 삶을 잊게 되고, 내면적인 즐거움과 자유와 평화를 잃고 만다. 현자들이 필요한 게 적을수록 좋다고 한결같이 말하는 이유다.

19, 자유란 누가 누구에게 주는 것이 아니다. 오로지 자기 자신에 의해서만 얻을 수 있는 것이다. 진정 자유롭게 살고 싶거든, 그것 없이도 사는 데 문제가 생기지 않는 것들을 멀리하라. 네 마음의 자유를 구속하고 있는 것은 그 어떤 것도 아닌, 바로 너 자신이다.

20, 어느 날 갑자기 모든 자유가 제한되었다고 상상해 보라. 먹고 싶을 때의 음식, 마시고 싶을 때의 음료, 자고 싶을 때의 잠, 씻고 싶을 때의 물, 추울 때의 온기, 말을 하고, 사람의 목소리가 듣고 싶을 때의 대화가 얼마나 소중한 기쁨인지 절실히 깨닫게 될 테니.

21, 좋은 삶에 대해 끊임없이 생각하는 사람만, 좋은 삶을 살 수 있다. 언제나 바르게 행동할 수 있는 능력을 키워라. 죽음에 이르는 순간까지 진리를 추구하라. 그렇다면 진리는 대체 어디서 찾아야 할까? 내면의 목소리에 귀를 기울여라. 진리의 소리는 네 안에 있다. 삶의 법칙이 항상 명백한 건 아니지간, 계속해서 노력하면 이해할 수 있다.

22, 삶의 의미를 이해하지 못한다면, 나름의 삶을 추구하며 무척 바쁘게 살아가는 이들도, 그저 어리석고 불쌍한 사람 중 한 명에 불과하다. 삶의 의미를 제대로 이해하는 데 인생을 바치는 사람은 절망하지 않는다. 그에게는 시끄러운 세상 따위 필요도 없고, 관심도 없다. 내면의 일이 가득하기 때문이다. 그에게 중요한 것은 단 한 가지. 자기 안의 악에서 벗어나, 타인

과 함께 평화롭게 사는 것이다.

23, 모두가 나름의 문제를 가진다. 이때 문제란 맞서 싸우기 위해 주어진 것이다. 아프면 견뎌라. 너를 심판하는 이가 있다면, 친절로 답하라. 모욕을 당했다면, 겸허히 받아들여라. 죽음을 피할 수 없다면, 감사히 죽음을 맞아라. 회피하지 말고 올바른 방식으로 맞서라.

24, 우리에게 삶의 불만을 말할 권리는 없다. 삶에 불만이 있다면, 자기 자신에게 불만이 있는 것이다. 나는 행복과 만족이 인간의 첫 번째 조건이 되어야 한다고 생각한다. 불만을 나쁜 짓처럼 부끄러워해야 하며, 내 주변과 내 마음속에 불쾌한 것이 있다면, 다른 사람들에게 말하거나 불평하기 전에 서둘러 그것을 바로잡도록 노력해야 한다.

25, 네게 무언가 나쁜 일이 일어난다면, 그것은 네가 자신을 바로잡아야 한다는 것이고, 마땅히 일어날 일이 일어났을 때, 마땅히 해야 할 일을 해야 한다는 것이다.

26, 사치에 물들지 않은 사람이, 남의 눈에 잘 보이려고 어쩌다 사치에 빠지게 되면, 이 정도 사치는 당연하고 별것도 아니라는 듯 행동한다. 마찬가지로 어리석은 사람은 삶이 주는 기쁨을 무시하고, 그것을 마치 고상한 인생관이라는 듯 삶에 싫증이 난 척, 그보다 훨씬 좋은 뭔가를 꿈꾸는 척, 더

재미있는 것을 찾을 수 있는 척한다.

27, 사람은 인생의 공허함을 잘 알기에, 계속해서 새로운 기쁨을 찾아 이리 저리 뛰어다닌다. 하지만 크게 매력을 느낀 새 오락에서도, 분명 다시 공허 함을 느낄 것이다. 이 사실을 빨리 깨달아야 한다.

28, 삶은 멈추지 않는 기쁨이어야 하고, 그런 기쁨일 수 있다. 기쁘게 살기 위해 가장 중요한 것은, 삶 자체가 기쁨을 위해 주어진 것이라고 믿는 것이 다. 기쁨이 사라졌다면, 지금 무엇이 잘못되었는지 살펴라.

10

불행 속에서도 행복의 가능성을 믿어라

1, 기억하라. 인간은 행복을 위해 창조되었다. 행복은 네 안에 이미 들어 있다. 모든 불행은 '부족'이 아니라, '과잉'에서 오는 것이다. 행복과 불행은 결코 재산이나 재물에 달려 있지 않다. 행복과 불행은 너의 마음속에 있는 것이다. 네가 너 자체로 충분한 존재라는 것을 안다면, 너는 언제 어디서나 행복할 수 있다.

2, 대체 무엇 때문에 그렇게 몸부림치고 있는 것인가? 도대체 왜 그 감옥같이 좁다란 틀 안에서 버둥대고 있는 것인가? 삶이, 삶 전체가 모든 기쁨과 함께 너의 앞에 펼쳐져 있는데, 도대체 무엇 때문에 그리 괴로워하며, 안절부절못하고 있는 것인가?

3, 슬픔이나 절망에 빠진 이들이, 모든 것을 포기한 채 그 상태에 그냥 익숙

해지는 모습을 보면, 마치 말을 타고 언덕길을 내달리는 사람이 떠오른다. 말을 멈추는 대신 아예 고삐를 놓고, 말이 미친 듯이 달리도록 놔두는 사람 말이다. 이 얼마나 위험천만한 일인가.

4, 이제는 슬픔을 잊고, 앞을 향해 다시 걸어 나가라. 너는 그렇게 할 수 있다. 너는 너에게서 떠나간 그것 없이도, 잘 살아갈 수 있는 사람이다. 언제까지 그 슬픔에 붙잡혀 있을 것인가. 저 앞에서 기쁨이라는 것이, 너를 애타게 기다리는 모습이 정녕 보이지 않는단 말인가.

5, 지금 불행하다면, 당장 미래에 대한 행복한 그림을 그려 보라. 네 안에서 많은 힘과 용솟음치는 젊음을 느끼는 동안 자유를 만끽해야만 한다. 그리고 무엇보다도, 행복해지려면 행복의 가능성을 믿어야 한다. 행복할 수 있다고 믿어라. 살아 있는 동안엔 살아야 하고, 행복해야 한다.

6, 이 세상에 두려워할 것은 아무것도 없다. 인간이 완전히 자유롭고 행복할 수 있는 상황이 존재하지 않듯, 완전히 불행하고 자유롭지 못한 상황 또한 존재하지 않는다.

7, 누구도, 무엇도 두려워하지 마라. 네 안에 있는 가장 귀중한 것은 누구에게도, 그 어떤 것에도 무너지지 않는다.

8, 어둠을 무서워할 필요가 하나도 없다. 일단 침착하고, 잠시 서서 그것을 그냥 지켜보라. 눈을 찌른다 해도 모를 정도로 어둡더라도, 곧 눈은 어둠에 익숙해진다. 모든 것을 서서히 분간할 수 있게 된다. 바로 그때, 무엇이 필요한지 분명히 깨닫게 될 것이다.

9, 삶이 지치고 힘들 때는, 잠시 하늘을 올려다보라. 최고의 건강과 힘과 평온을 느끼던 시절의 행복감을 선명하게 회상해 보라. 몸은 따뜻해지고, 얼굴은 상쾌해지며, 마음속에선 걱정도 슬픔도 공포도 모두 사라질 것이다. 이 얼마나 좋은 일인가?

10, 자연 속에 누운 채 아무것도 생각하지 말고, 아무것도 기대하지 말아보라. 그저 자연의 선선함과 아늑함을 온전히 느껴 보라. 그러면 갑자기 이유 없는 행복감과 모든 것을 향한 사랑이란 이상한 감정이 덮쳐온다. 이때 네가 살아 있다는 사실 자체에 감사하게 될 것이다.

11, 어려운 상황에 놓였을 때는, 기도하는 것이 큰 도움이 된다. 깊은 광산에 파묻힌 사람, 빙하에 갇혀 추위에 떨고 있는 사람, 바다 한가운데서 홀로 굶어 죽어가고 있는 사람. 만약 이런 사람들에게 기도가 없다면, 남은 생을 어떻게 유지할 수 있겠는가?

12, 일기를 쓰는 것은 좋은 일이다. 일기는 모든 사람의 마음속에 살아 있

는, 참되고 성스러운 자기 자신과의 대화다. 대화할 상대가 하나도 없다는 것은, 너무 깊이 잠들어 있기 때문이다. 이제는 잠에서 깨라. 눈을 떠라. 일기를 통해 자신과의 진솔한 대화를 시작하라. 자신에 대해 알아야 상황을 바꿀 수도 있다.

13, 불행하다고 느껴진다면, 그동안 네가 저질렀던 모든 나쁜 행동을 아주 솔직하게 떠올려 보라. 기분이야 나쁘겠지만, 그것엔 자신을 개선하는 엄청난 힘이 있다.

14, 세계가 추악하고, 사람들이 불쾌하고, 그들의 언행이 전부 어리석고 역겹게 느껴진다면, 오히려 그 상태에서 자신을 돌아보라. 자기 안에서 전에 보지 못했던 것을 볼 것이며, 자신의 추악함을 인정함으로써 스스로를 이롭게 할 수 있다.

15, 너를 괴롭히는 불행의 원인은, 네 안에서 찾아야 한다. 때때로 불행은 네 행위의 직접적 결과이기도 하며, 복잡한 경로를 거쳐 너에게 되돌아오기도 한다. 대부분의 원인은 네 안에 있다. 거기서 벗어날 수 있는 길은, 너의 생각과 행위를 고치는 것이다.

16, 질병, 모욕, 비방 등 걱정거리는 끝없이 생긴다. 그렇기에 이런 것으로 자신을 불쌍하게 생각한다면, 비참한 존재가 되고 만다. 어떤 상황에서도

절망하기보단 좋은 쪽으로 생각하려고 노력하라. 그럴수록 삶의 자신감과 활력을 얻게 될 것이다.

17, 불의에 괴로움을 느낄 때는 스스로를 위로하라. 진짜 불행한 인간은 불의에 괴로워하는 사람이 아니라, 불의를 저지르는 인간이다.

18, 지혜로운 사람은 필요한 모든 것이 자기 안에 있음을 알고, 오직 자기 자신을 개선하고자 한다. 그래서 누구에게도 화낼 일이 없다. 반면 어리석은 사람은 남들이 자신에게 친절하길 기대하고, 그렇게 되지 않으면 화를 낸다. 바람결에 던진 먼지가 자신에게 돌아오듯, 불행은 불행을 저지른 이에게 돌아온다.

19, 의기소침한 기분이나 육체적 고통은 지상에서 살아가는 자의 운명이다. 그런 기분이 지나가기를, 아니면 그런 삶 자체가 지나가기를 기다리는 수밖에 없다.

20, 절망감을 느낄 때면, 너 자신을 환자로 생각하라. 병상에 누워 푹 쉬어야 하는 환자 말이다. 너무 많이 움직이지도 행동하지도 말고, 상태가 좋아지기만을 가만히 기다려라. 그러다 보면 다시 삶의 일을 할 힘이 움틀 것이다. 사람의 내면은 스스로 치유하는 능력이 있다. 하지만 이때 무리하게 활동한다면, 상태는 악화될 뿐이다.

21, 단지 사는 일이 힘들다는 이유로 죽기를 바라서는 안 된다. 너의 어깨에 놓인 버거운 짐들은, 네가 사명을 찾을 수 있도록 도울 것이다. 그리고 너의 그 버거운 짐들을 없애는 유일한 방법은, 너의 사명을 이루는 삶을 사는 것이다. 사명을 발견하라. 그리고 거기에 몸과 마음을 전부 바쳐라.

22, 삶이 불만족스러울 때는, 달팽이처럼 껍질 안에 숨어 버리도록 하라. 그 껍질 안에서 조용히 자신을 단련하라. 상황이 나아질 때까지 차분히 기다려라. 시간이 흐르면 삶은 더욱 좋은 쪽으로 바뀌고, 너는 일보 더 전진하리라.

23, 슬프고 괴로운 일이 있을 때는 이렇게 생각하라. 1) 그보다 더 나쁜 일이 나에게도, 다른 사람에게도 얼마든지 일어날 수 있다. 2) 전에도 지금처럼 어떤 사건과 사정으로 슬프고 괴로웠지만, 지금은 아무렇지 않게 그때를 떠올릴 수 있다. 3) 이것이 가장 중요한데, 지금 나를 슬프고 괴롭게 하는 것은 시련에 불과하며, 이 시련은 정신력을 키워 나를 더욱 굳건하게 해줄 것이다.

24, 무슨 일이 있어도 용기를 잃지 마라. 네가 감당하지 못할 만큼 나쁜 일은 일어날 수 없다.

11

지금 이곳, 이 순간보다 더 좋은 때란 없다

1, 삶이 곧 끝나 버린다고 생각하며 지내라. 그러면 남은 시간이 소중한 선물로 느껴질 것이다. 현재의 삶은 최고의 축복이다. 우리는 다른 때, 다른 곳에서 더 큰 축복을 얻게 되리라 기대하며, 현재의 기쁨을 무시하고는 한다. 하지만 지금 이곳, 이 순간보다 더 좋은 때란 없다.

2, 조금 더 안락한 생활을 위해 우리가 하는 일은, 적을 보지 않으려고 자신의 머리를 숨기는 타조를 떠오르게 한다. 근데 우리는 타조보다 훨씬 더 나쁘게 처신한다. 우리는 불확실한 미래의 생활을 불확실하게 얻으려고, 확실한 현재의 생활을 확실하게 파괴하고 있기 때문이다.

3, 인간은 과거를 괴로워하고, 그로 인해 현재에 불충실함으로써 미래까지 망친다. 이는 큰 잘못이다. 과거는 이미 사라지고 없는 것이다. 기억과 현

실을 착각하지 말라. 있는 것은 현재뿐이다. 현재의 삶은 매 순간이 그 어떤 것보다 더 귀한 것이다. 현재에 충실하라.

4, 나는 나이를 먹을수록 기억이 또렷해진다. 이상하게도 즐거웠던 일들만 기억이 나고, 때론 현재의 일보다 그 기억 때문에 더 즐거워지기도 한다. 이것은 무슨 의미인가? 과거나 미래의 일은 없다. 모든 것이 바로 지금, 이곳의 일이다. 지금 이 순간에 하고 있는 일 외에 중요한 것은 없다. 오로지 지금 이 순간에 온 마음을 쏟아라.

5, 인간은 시간을 과거, 현재, 미래로 나눈다. 그러나 현실 속엔 현재라는 아주 짧은 순간만 존재한다. 그리고 이 순간이야말로 인생 전체를 집약해준다. 현재에 행하는 일만 생각하라. 과거의 일을 생각하면 후회스러워진다. 미래의 일을 생각하는 것은 공상일 뿐이다. 현재에 집중하라. 그것이 진정한 삶이다.

6, 우리에겐 과거를 기억하는 능력과, 미래를 상상하는 능력이 있다. 이는 어디까지나 현재를 더 잘살기 위해 주어진 능력이다. 현재에 살아야 한다. 현재야말로 우리의 전부다. 미래의 삶은 믿을 수 없다. 삶은 현재에만 있고, 현재만이 사라지지 않는다. 삶의 진짜 아름다움은, 미래를 위해 무엇이 좋을지 알지 못한다는 데 있다.

7, 시간이란 없다. 작고 무한한 현재만이 존재할 뿐이다. 그리고 현재 속에만 삶이 있다. 그러므로 인간은 현재에 모든 정신력을 쏟아부어야 한다. 현재는 이미 존재하지 않는 과거와 아직 도래하지 않은 미래의 무한한 접점이다. 시간이 없는 바로 이 지점에서 삶이 숨을 쉰다.

8, 만약 누가 너에게 미래를 준비하는 삶을 살아야 한다고 말한다면, 절대로 믿지 마라. 너는 현재 삶을 살고, 현재 삶만 안다. 그러므로 넌 현재 삶을 발전시키는 데 온 힘을 기울여야 한다. 모든 삶이 아니라, 현재의 삶 한순간 한순간에 최선을 다하며 살아야 한다.

9, 힘든 시간을 겪고 있거나, 사랑을 잃을까 걱정이 되고, 미래에 대한 두려움으로 고통스럽다면, 삶은 현재에만 있다는 것을 기억하라. 모든 생각을 현재에 고정시켜라. 과거에 대한 고뇌도, 미래에 대한 걱정도 모두 사라질 것이며, 자유와 행복을 느끼게 될 테니.

12

죽음을 곁에 두어라, 인생이 달라진다

1, 죽음을 코앞에 둔 사람은 자신이 무엇을 잘했고, 무엇을 잘 못 했는지 가장 확실하게 알고 있는 사람이다. 거의 모든 사람은 죽기 직전이 되어서야, 어떻게 살았어야 했는지 분명히 깨닫는다. 죽을 때가 다 되어서 '아, 내가 잘못 살았구나.' 깨닫는 게 대체 무슨 소용이란 말인가.

2, 죽음에 대해 더욱 자주 생각하고, 당장이라도 죽을 수 있다는 생각으로 살아라. 죽음을 잊고 지내는 삶과, 매 순간 죽음에 다가가고 있다는 것을 의식하는 삶의 모습은 완전히 다르다.

3, 죽음이 우리를 기다리고 있다는 사실만큼 확실한 것이 없는데도, 사람들은 죽음 따위는 결코 없다는 듯 살고 있다. 죽음은 내일이 온다는 것보다, 낮이 지나면 밤이 오고, 여름이 지나면 겨울이 온다는 것보다 더 확실하다.

그런데 사람들은 내일과 밤과 겨울에 대해서는 생각하면서, 죽음에 대해서는 생각하지 않는다. 죽음을 기억하라. 죽음을 피할 수 없다는 그 사실을, 조금이라도 후회가 적은 삶을 사는 길잡이로 삼아야 한다.

4, 네가 언제든 죽을 수 있다는 사실을 기억하면, 삶은 전혀 다른 의미를 가지게 된다. 죽음이 가까이 왔다는 생각은, 삶에서 가장 중요한 것의 우선순위에 따라 너의 행위를 결정하게 만들어 준다. 죽음은 너에게 당면한 일들 가운데, 네가 언제나 더 현명한 쪽을 선택할 수 있도록 이끌어 준다. 이것이 가장 필요한 일이다.

5, 무엇을 해야 할지 모르겠고, 무언가에 확신이 서지 않을 때, 네가 오늘 밤 당장 죽는다고 생각해 보라. 그러면 모든 고민과 의구심이 사라질 것이다. 너의 의식이 말하는 바를, 네가 진정으로 원하는 게 무엇인지를, 무얼 해야 하는지를 분명하게 알 수 있을 것이다.

6, 이렇게 해야 할지, 저렇게 해야 할지, 도무지 갈피가 잡히지 않을 때는, 오늘 저녁 네가 죽을 것이고, 네가 죽은 사실에 아무도 관심이 없다면 어떨 것 같은지 자신에게 물어보라. 죽음은 사람들이 자신의 일을 제대로 하도록, 잘 끝마칠 수 있도록, 더 좋은 결정을 내릴 수 있도록 박차를 가하게 한다. 이 죽음의 진리를 활용하라.

7, 우리는 생명의 소멸도, 죽어가는 과정도 '죽음'이라고 부른다. 전자는 우리 힘 밖에 있는 일이지만, 후자는 삶에서 가장 중요한 마지막 일이다. 죽어가는 사람의 말과 행동은, 다른 이들에게 깊은 인상을 남긴다. 그러므로 잘 사는 것도 중요하지만, 잘 죽는 것은 더욱 중요하다.

8, 죽음을 준비하라. 가능한 한 최선의 방법으로 죽을 준비를 해 나가야 한다. 흔히 생각하듯 종교의식을 수행하거나, 세속의 일들을 정리하라는 의미가 아니다. 너의 삶에 죽음이 임박했을 때, 가장 훌륭한 모습으로 죽을 수 있도록. 즉 네가 이미 다른 세계에 있는 존재처럼 여겨져, 너의 말과 태도가 이 세상에 남아 있는 사람들에게 특별한 힘이 될 수 있도록. '죽음'이라는 그 순간의 강력한 영향력을 발휘할 수 있도록 삶을 살아야 한다.

9, 죽음을 기억하며 산다는 것은, 끊임없이 죽음을 생각하라는 뜻이 아니다. 기쁨 속에 살면서, 죽음이 찾아오는 그 순간을 준비하라는 의미다. 죽음에 대해 너무 깊이 고민할 필요 없다. 그저 살면서 죽음을 기억하면 된다. 그렇게 하면 삶은 더 진지해지고, 즐거우리라.

10, 우리가 두려움과 슬픔을 느끼는 존재로 창조되었다는 점만 제외하면, 죽음을 슬퍼하거나 두려워할 이유가 없다. 우리는 이 삶을 끝내는 것이 아니라, 단지 지나간다는 것을 기억하라. 삶은 안락한 집이 아니다. 죽음으로 향하는 기차다. 그리고 죽는 것은 육체뿐, 영혼은 영원히 산다.

11, 영원을 생각하지 않는 이는, 인생에 대해서도 생각하지 않는다. 인간이 그저 육체적 존재에 불과하다면, 그 죽음은 가여울 뿐이다. 하지만 인간이 영적 존재이고 일시적으로 육체에 머무는 것이라면, 죽음은 거쳐 지나가는 과정이 된다. 죽음은 끝이 아니다. 죽음은 변화다.

12, 삶은 매 순간 일어나는, 눈에 보이지도 않는 작은 변화들로 이뤄진다. 이런 변화가 처음 시작되던 때 우리는 아기였다. 그리고 모든 육체적 변화를 마치게 될 때 죽음이 찾아온다. 죽음은 영혼이 육체에서 벗어나, 살아가는 형식이 바뀌는 것이다. 형식을 내용과 혼동하지 말라.

13, 출생에서 죽음에 이르는 삶은 그다음에 오게 될 더욱 큰 삶을 모른 채, 지금이 전부라고 착각하는 한바탕 꿈일지도 모른다. 물론 이렇게 생각한다고 해서 죽음으로 인한 슬픔이나 두려움이 없어지는 것은 아니지만, 조금이라도 그 감정을 줄일 수는 있을 것이다.

14, 우리 삶은 언제 멈출지 알 수 없다. 각 사람을 매 순간 위협하는 죽음 앞에서, 우리가 취할 수 있는 유일한 방법은 각자에게 주어진 매년, 매월, 매시간, 매 순간을 사랑과 화목 가운데 기쁘게 보내는 것이다. 지금 이 순간 너와 함께 있는 사람들에게, 사랑과 선을 실천하는 삶을 살아야 한다.

15, 삶에서 가장 중요한 사실은 우리가 한자리에 머물러 있지 않고, 끊임

없이 어딘가로 이동하고 있다는 것이다. 우리는 커다란 배에 올라탄 승객과 같다. 선장은 승객 중, 누가 언제 배를 떠나게 될 것인지 기록된 명단을 가지고 있다. 하지만 우리 중 누구도 그것을 알 방법이 없다. 언제 갑작스레 떠나게 될지 모를 이 짧고 소중한 시간 동안, 인생의 법을 지키며 평화와 사랑, 친구들과의 화합 속에서 흘러가도록 하라.

16, 삶은 죽음을 향한 끊임없는 접근이다. 언제나 죽음이 시시각각 다가오고 있다는 것을 인식하며, 사랑하는 이들과 행복과 기쁨 속에서 즐겁게 살아가기를 바란다.

17, 네가 세상에 처음 태어났을 때, 너는 울고 주변 모든 사람은 기뻐했다. 네가 이 세상을 등지게 될 땐, 너는 기뻐하고 주변 모든 사람은 울도록 삶을 살아라.

걱정하지 마라.

어떤 걱정이든 너의 머릿속에서
그것이 떠나지 않는 한,
마음은 결코 가벼워질 수 없다.

_____

_____

_____

_____

_____

_____

13

인생의 변화는 생각의 변화에서 시작된다

1, 모든 것은 생각에 있다. 생각이 모든 것의 근원이다. 그리고 모든 것은 생각으로 지배할 수 있다. 그러므로 인간에게 무엇보다 중요한 것은 '생각의 활동'이다.

2, 이미 굳어져 버린 삶의 진로를 바꾸기 위해서는 지금까지의 숱한 사건이 아니라, 그 같은 사건을 낳았고, 지금도 낳고 있는 생각과 싸워야 한다.

3, 인생의 변화는 생각의 변화와 함께 시작된다. 생각하는 방식을 바꾸는 것은, 인생을 변화시키기 위한 그 어떤 노력보다 최우선시해야 하는 일이다. 생각하는 방식이 바뀌어야만, 살아가는 방식이 바뀌기 때문이다.

4, 진정한 삶은 이동과 충돌, 투쟁 같은 큰 외면적 변화가 일어나는 곳이 아

니라, 눈에 띄지 않는 작은 변화가 이뤄지는 인간의 의식 속에 있다. 우리 의지와 상관없이 저절로 작용하는 외적인 것으로 삶을 변화시키고 개선할 수 있다고 믿는다면, 변화와 개선은 오히려 멀어진다.

5, 인간의 운명은 생각의 흐름을 따른다. 인간은 생각으로 자기 삶을 내다 보고, 또 만들어가는 존재다. 생각은 자신을 지옥으로도 천국으로도 보낼 수 있다. 삶과 생각은 같다. 삶은 마음에서 시작되어 생각으로 형태를 띤다. 좋은 생각으로 말하고 행동한다면, 기쁨은 그림자처럼 삶을 따라다닌다.

6, 불행이 닥쳤을 때는 네 행위가 아니라, 너를 그렇게 행동하게 만든 생각 에서 원인을 찾아라. 마찬가지로 슬프거나 화가 날 때도 어떤 상황이나 행 위가 아니라, 너의 생각 속에서 그 원인을 찾아라.

7, 고뇌의 유익함을 모르는 사람은 아직 이성적 삶, 즉 참된 삶을 시작하 지 않은 사람이다. 고뇌 없이 정신적 성장은 불가능하고, 삶의 발전도 불가 능하다. 통증을 느끼는 감각이 육체의 보전에 필수 조건이듯, 고뇌는 영혼 의 보전에 필수 조건이다. 고뇌가 너를 붙잡을 때마다 어떻게 벗어나느냐 가 아니라, 고뇌가 더 나은 삶을 위해 무엇을 요구하는지, 어떤 노력을 요 구하는지 파악하라.

8, 생각할 수 있는 사람은, 인생의 의미를 이해할 수 있다. 생각하지 못하

는 사람은, 자기가 왜 사는지도 이해할 수 없다. 이것을 이해하지 못하면, 무엇이 좋고 무엇이 나쁜지 또한 이해할 수 없다. 따라서 올바로 생각하는 것은 실로 중요한 일이다.

9, 사람들은 돈이 가득 든 지갑을 잃어버리면 아까워한다. 그러나 어떤 영감이 떠오르거나, 책에서 본 좋은 생각들, 살아가며 적용하고 기억해야 하는 생각들, 더 나은 세상을 만들 수도 있는 생각들은 잃어버리고도, 잃어버린 사실조차 잊어버린다. 그것이 금은보화보다 훨씬 값진 것임에도 불구하고, 아까워하지도 않는다.

10, 인간의 모든 행동은 생각에 의해 좌우된다. 흙 속에 있을 때 씨앗은 눈에 코이지 않지만, 시간이 가면서 거대한 나무로 자라난다. 인간의 생각도 보이지 않게 움직인다. 인류 역사에서 가장 훌륭한 사건들은, 바로 그런 생각에서 탄생했음을 명심하라.

11, 우리는 세상을 움직이는 영적 힘에 대해 자주 잊는다. 책이나 신문, 학술 논문에도 이런 이야기는 나오지 않는다. 하지만 눈에 보이지 않는 이 힘은, 언제나 생각 속에 존재한다. 세상에 대해 생각할 땐, 우선 내면의 목소리로 말하라. 그다음엔 타인에게 소리 내어 말해야 한다. 한 사람의 영혼 속에 자리 잡은 생각 하나가, 인생을 뒤바꾸고 세상을 뒤집기도 한다.

12, 인간은 자기가 사고하는 방식에 따라, 삶에서 마주치는 모든 것을 설명한다. 만약 이런 사고가 잘못되어 있다면, 가장 명백한 진실도 빛이 바랠 수밖에 없다. 마치 달팽이처럼 자신의 고집스러운 생각과 낡아 빠진 관점을, 등에서 내려놓지 않으려고 하는 이들이 너무나 많다. 도대체 왜 그 좁디좁은 틀 안에 갇혀 지내는 것일까.

13, 다른 사람과 무리 지어 있을 땐, 홀로 생각해야 한다는 사실을 명심하라. 홀로 생각에 잠겨 있을 땐, 다른 사람과도 의견을 나누어야 한다는 사실을 명심하라. 절대 어느 한 쪽으로만 치우치는 일이 있어서는 아니 된다.

14, 악행에 앞서 나쁜 생각은, 행동 그 자체보다 훨씬 나쁘다. 진정으로 참회한다면, 악행은 되풀이하지 않을 수 있다. 하지만 나쁜 생각은, 또 다른 나쁜 행동으로 계속 이어지기 때문이다.

15, 생각을 조심하라. 생각의 힘은 위대하다. 이 힘은 축복이나 저주의 말을 통해 발산된다. 어떤 말이 되는가는, 좋은 생각인지 나쁜 생각인지에 달려 있다. 포탄은 대포를 떠난 후에야 그 소리가 귀에 들린다. 나쁜 생각도 나쁜 결과를 낳은 뒤에야 눈에 보인다.

16, 생각은 불쑥 찾아오는 손님과 같다. 마음에 들든 들지 않든, 어쨌든 찾아온 손님을 비난할 순 없는 노릇 아닌가. 하지만 너는 나쁜 생각은 몰아

내고, 좋은 생각을 지킬 수 있는 능력을 갖추고 있다. 너의 진정한 힘은 오직 생각에 달렸다. 이 사실을 잊지만 않는다면, 네 안과 밖의 수많은 악이 사라질 것이다.

17, 감정은 의지와 상관없이 생겨난다. 하지만 생각은 그 감정을 받아들일 수도, 거부할 수도 있다. 네가 가진 생각이 너에게 주어진 모든 것들 중에, 가장 핵심적인 것임을 알라.

18, 악인이라고 불리는 사람들 대부분은, 자신의 나쁜 기분을 정상적인 것으로 받아들이고, 그 기분에 몸을 맡긴 결과 악인이 되어 버린 것이다. 만사에 어두운 면만 보이고, 모든 것이 나쁘게 여겨지고, 악행의 충동을 느낄 때는 절대 자기 자신을 믿지 마라. 술 취한 사람을 바라보듯, 자기 자신을 바라보며 아무것도 하지 말고, 그런 상태가 지나가기를 기다려라. 그런 상태일 때는 술이 깰 때 잠이 필요한 것처럼, 뭔가를 하지 않을수록 빨리 회복된다.

19, 배고프지 않은데 먹는 것도, 억지로 식욕을 불러일으키는 것도 모두 해롭다. 억제할 수 없이 끌리는 것도 아닌데 음욕에 빠지고, 또 그것을 제 안에서 불러일으키는 것은 더욱 해롭다. 그중에서도 가장 해로운 것은, 생각할 필요가 없는데도 생각하는 것이다. 무엇을 생각해야 하는가보다, 무엇을 생각하지 않아도 되는가를 아는 것이 더 중요하다.

20, 타인의 사상은 너의 마음속에서 생기는 질문에, 네가 직접 대답할 때만 너의 인생을 올바른 방향으로 나아가게 할 수 있다. 그냥 다른 누군가로부터 빌려와 맹목적으로 받아들인 사상은, 너의 삶에 영향을 미치지도 못할 뿐 아니라, 때론 잘못된 방향으로 이끌기도 한다.

21, 타인의 말만 듣고 곧이곧대로 믿어 버리지 말라. 너 스스로 곰곰이 생각하고 분석한 다음에, 네가 받아들일 수 있는 것만 받아들이면 된다. 수동적인 인간이 아닌, 능동적인 인간으로 살아야 한다.

22, 스스로 생각하지 않는 사람은, 자기 대신 생각하는 다른 사람에게 예속된다. 누군가에게 사상을 내맡기는 것은, 육체를 파는 것보다 더 수치스러운 노예 행위다.

23, 대중의 여론만큼 그릇된 인생 지침은 없다. 큰 불행을 초래하는 유혹 중 하나가 "다들 그렇게 한다."라는 말로 표현되는 유혹이다. 만일 주변 사람들을 따라 하고 싶은 마음이 든다면, 잠시 멈춰 그런 일반적인 예를 좇는 것이 옳은지 스스로 생각하라. 개인과 사회의 큰 불행과 범죄는 그렇게 밖에서 주입된 것을, 아무 생각 없이 따르는 일에서 시작된다.

24, 상상을 유의하라. 지금 너는 너의 상상 속 고통에 대한 두려움으로 인해 스스로를 괴롭히며, 충분히 가능한 행복과 삶 자체를 너 자신에게서 앗

아가고 있다. 너를 괴롭게 하는 대부분이, 너 자신의 상상이라는 사실을 자각해야 한다.

25, 앞으로의 너에게 무슨 일이 일어날지 미리 그려 보지 마라. 거기엔 아예 관심을 꺼라. 오로지 지금 당장 네가 해야 할 일만을 생각하라. 그러면 모든 것들이 단순 명쾌해질 것이다.

26, 인생에서 마주치는 문제는 대부분 방정식 같다. 즉, 가장 단순한 형식으로 바꾸면 쉽게 풀린다.

27, 수많은 대상이 멀리 놓여 있을수록, 더 분명하고 단순하게 보인다. 가까이 있으면 있을수록, 그 윤곽과 색감이 훨씬 복잡하게 보인다. 어떤 것이 어렵다면, 거리를 두고 멀리서 관찰해 보라. 전체적으로 조망할 때, 유독 눈에 띄는 무언가가 있을 것이다. 그것을 잡아라.

28, 어떤 문제가 잘 풀리지 않는다면, 생각법을 완전히 바꿔 보라. 자신을 위해 무엇이 필요한지는 답을 내기 어렵지만, 다른 사람들에게 무엇이 필요한지는 비교적 쉬울 것이다.

29, 너 자신을 속이지 말고, 무언가를 너무 섣불리 결정하지도 마라. 마음이 완전히 솔직해지고, 차분해질 때까지 인내심을 가지고 기다려 보라. 모

든 문제에는 신중한 숙고가 들어가야 하는 법이다.

30, 외적인 문제들을 해결하려 하기보다, "어떻게 사는 것이 더 나은 삶인가?"라는 인간에게 고유한 하나의 내적 질문을 자신에게 던진다면, 어떤 문제에서도 최선의 해결책을 찾을 수 있을 것이다.

31, 인간의 진정한 힘은 격정이 아닌, '흐트러지지 않는 평온'에 있다. 늘 평화로울 수는 없지만, 정신적 평화가 찾아온다면, 그것을 소중히 하고 오래 지속되도록 노력하라. 그럴 때야말로 삶의 길을 이끌어 주는 생각이 고개를 바짝 들고 일어나, 명료해지고 튼튼해진다.

14

지식의 양이 아니라, 질이 중요하다

1, 누구에게나 나름대로 필요한 지식이 있다. 자신에게 필요하고, 자신의 것이 되지 않은 다른 모든 지식은 해로울 뿐이다.

2, 학문은 너를 멋지게 장식해주는 왕관이 아니라, 우유를 제공해주는 젖소에 불과하다. 물론 학문은 좋은 음식이 몸에 좋듯 유익한 것이다. 그러나 신선하지 못한 음식, 탐닉하게 만드는 음식처럼 나쁜 것들도 있다. 학문은 네가 더 나은 사람이 되도록 도움을 줄 때만 쓸모 있다.

3, 공부는 학자가 되기 위해서가 아니라, 더 나은 삶을 살기 위해 하는 것이다. 인간은 지적 능력을 타고난 덕분에 삶의 의미를 깨달을 수 있다. 어떻게 좋은 삶을 살고, 어떻게 나쁜 길로 접어들지 않을지 말이다. 학문의 종류는 무수하다. 모든 것을 다 배울 수는 없다. 그렇기에 무엇이 자기 삶의

목표고, 무엇이 좋은 것이며, 무엇이 중요한가를 먼저 알지 못하면, 제대로 된 선택을 할 수가 없다.

4, 학문은 무수히 많은 분야로 나누어지고, 각 분야에서 연구해야 하는 지식의 양은 끝이 없다. 아마 죽는 그 순간까지도 완성하지 못할 것이다. 그러므로 가장 중요한 것은 자신이 무엇을 꼭 배워야 하는지 알고, 그렇지 않은 것은 무엇인지 아는 것이다.

5, 쓸데없이 많은 학문을 공부하기보다는, 삶의 기본 원칙 몇 가지를 아는 편이 훨씬 낫다. 삶의 주요 원칙은 네가 악을 저지르지 않게 하고, 바른 길로 이끈다. 그러나 필요도 없는 많은 학문에서 얻은 지식은 너를 자만의 유혹으로 이끌어, 정작 가장 필요한 삶의 기본 원칙을 알지 못하게 한다.

6, 학문에서 유일하게 필요한 것은 '사람은 어떻게 살아야 하는가'에 대한 앎이다. 진정한 지식은 '어떻게 살아야 하는가'를 아는 것뿐이다. 행복과 사랑, 그리고 실생활에 지침이 되지 않는다면, 모두 불필요한 지식이다.

7, 모르는 것은 부끄러운 일이 아니다. 누구도 모든 것을 전부 알 수는 없다. 중요한 것은 지식의 양이 아니라 질이다. 많은 책을 읽고 다 믿는 것보다는, 아무 책도 안 읽는 게 낫다. 책 한 권 읽지 않고서도 현명할 수 있다. 하지만 책에 쓰인 것을 전부 믿어 버리면 바보가 된다.

8, 공부할 만한 지식은 넘치도록 많다. 하지만 시간이 지날수록 능력은 줄고 인생은 짧아져, 가장 필요한 최소한의 지식조차 배우기 어려워진다. 독자적으로 생각할 수만 있다면, 쓸데없는 독서를 줄일 수 있다. 너무 많이 읽는 것은 해롭다. 내가 만난 위대한 사상가들은 모두 적게 읽는 이들이었다.

9, 나쁜 책은 아무리 조금 읽어도 해롭다. 나쁜 책은 정신의 독약이나 다름없다. 성스러운 진리는 학자가 쓴 해롭고 잘못된 책보다는, 무식한 이 혹은 어린아이의 말을 통해 더 자주 드러난다. 책을 무작정 많이 읽는 것이 중요한 게 아니라, 어떤 책을 읽느냐가 중요한 것이다.

10, 사소하고 불필요한 것을 많이 아는 것보다, 정말 좋고 필요한 것을 조금 아는 것이 낫다. 많이 아는 것을 높이 평가하는 것은 잘못이다. 무지를 두려워하지 말고, 거짓 지식을 두려워하라. 거짓을 참으로 아는 것보다 아무것도 모르는 게 낫다. 세상의 모든 악은 거짓 지식에서 비롯된다.

11, 만약 지식이 모두 좋은 것이라면, 어떤 종류의 지식을 받아들여도 이로울 것이다. 하지만 잘못된 생각들이 유익하고 좋은 지식인 양 가장하고 있기에, 지식을 습득할 땐 반드시 엄격하게 선별해야 한다. 무조건 의심부터 하라. 의심하지 않으면, 결국 스스로 생각하는 법을 모르게 된다.

12, 기억이 아니라, 사색으로 얻은 것만이 진정한 지식이다. 더 적게 읽고,

더 적게 배우고, 더 많이 생각하라. 꼭 필요하고 알고 싶은 것만을 스승이나 책을 통해 배워라.

13, 지식이 많을수록 잘살 수 있다고 생각하는 것은 착각이다. 많이 아는 것은, 꼭 필요한 몇 가지를 아는 것만도 못하다. 학자나 지식인이 되려 하지 말고, 자기 자신이 되어라. 교육을 못 받았다고 두려워하지 말라. 성장 속도가 더디다고 불안해하지 말라. 진정으로 두려워해야 하는 일은, 알지도 못하면서 아는 척하는 것뿐이다.

14, 무언가를 이해하지도 못했으면서 이해한 척하지 말고, 알지도 못하면서 아는 척하지 마라. 그렇게 하는 것은 나쁜 일 중에서 가장 나쁜 일 중 하나며, 부끄러운 일 중에서 가장 부끄러운 일 중 하나다.

15, 최고의 지식은 자기 자신을 아는 것이다. 인간은 무엇보다 자기 자신, 즉 영적 자아를 연구해야 한다. 모든 학문을 다 알아도, 자기 자신을 모르면 무지몽매한 사람이다. 아무것도 몰라도 자기 자신, 즉 영적 자아를 안다면 완전히 깨우친 사람이다.

16, 삶의 목적은 지식을 얻는 것이 아니다. 지식은 목적이 아니라 수단일 뿐이다. 삶에서 지식이 가장 중요하다고 생각하는 사람은, 불 속에 스스로 날아들어 파멸하여 불빛을 어둡게 하는 나방과 같다.

17, 필요 이상으로 많이 아는 것보다, 적게 아는 것이 낫다. 지식이 부족한 것을 두려워하지 마라. 오히려 쓸데없고 짐이 되는 지식, 허영심을 채우기 위한 불필요한 지식을 진심으로 두려워하라.

15

지적 능력을 잃으면, 너의 전부를 잃는다

1, 자신의 목표를 이루기 위해서, 때론 원치 않는 일도 해야 한다는 사실을 이해하는 존재는 오직 인간뿐이다. 인간에겐 지적 능력이라는 고귀한 특성이 있기 때문이다. 이 능력을 끊임없이 키우고 발전시켜 나가야 한다. 사는 동안, 지적 잠재력을 충분히 발휘해 내고 싶다면.

2, 인간과 동물의 가장 큰 차이점은, 바로 지적 능력의 유무다. 이 능력도 다른 능력들과 마찬가지로, 오래 사용하지 않으면 사라지고 만다. 이것을 사용하지 않는 사람은, 심지어 그 존재조차 느끼지 못하고 산다. 하지만 실제로 이것이 사라진다면, 동물과 다를 게 없어지는 것이다.

3, 연기가 벌을 벌집에서 몰아내듯, 과음과 과식은 영적인 힘을 너에게서 몰아낸다. 과식한다면 나태하지 않을 수 없다. 과음한다면 금욕하기 어렵

다. 등불을 들고, 어둠 속에서 길을 찾아 헤매는 사람이 있다. 그가 헤매다 지쳐 등불을 꺼 버리면, 아무 방향으로 막 걷게 된다. 과음과 과식으로 지적 능력이란 불빛을 꺼뜨리면, 바로 이렇게 된다. 인생의 방향을 잃어버린다.

4, 다른 사람의 말이나 행동을 기계적으로 따라 하는 것은, 자유에서 멀어지는 가장 확실한 길이다. 자신의 지적 능력으로 자기 행동에 더 많은 의문을 제기할수록 인생은 자유로워진다. 무엇을 해야 할지 진리가 항상 알려주는 건 아니지만, 무엇을 하지 말아야 할지는 알려준다. 그렇기에 홀로 진리와 대면할 수 있는 고독을 두려워한다면, 주변 상황은 절대 개선되지 않고 더 나빠지기만 할 것이다.

5, 고독을 즐겨라. 진리는 고독 속에서 성숙해진다. 따라서 인간은 고독할수록 현명해진다. 세속의 모든 것에서 잠시 벗어나 자신을 의식하는 것은, 육체에 양식이 필요하듯 삶에 꼭 필요한 영혼의 양식이다.

6, 삶이 단조롭고 정신없이 흘러간다면, 내면에 대해 생각할 시간이 없다. 홀로 삶을 관조할 시간을 내라. 타인과의 만남을 통해서 삶이 개선된다 생각하기 쉽지만, 아니다. 사람은 홀로 있을 때, 자신의 생각과 일대일로 마주 섰을 때, 그때 비로소 진정한 삶을 꽃피우게 된다.

7, 명상과 사색은 영원으로 가는 길이다. 반면 너무 많이 말하는 것은 죽음

으로 가는 길이다. 명상하고 사색하며 혼자만의 시간을 보내는 사람은 죽지 않는다. 반대로 늘 군중에 둘러싸여 공허한 말만 하염없이 쏟아 내는 사람은, 죽은 존재나 다름없다.

8, 사람은 크게 세 종류로 나뉜다. 첫째는, 어떤 것도 믿지 않는 사람이다. 그다음은, 어렸을 때부터 믿어야 한다고 배운 것만 믿는 사람이다. 마지막은, 자신의 마음으로 이해한 것을 믿는 사람이다. 이 마지막 부류의 사람이 가장 현명하며, 가장 의지가 강한 사람이다.

9, 진정한 믿음을 가지려면, 거짓 스승들이 시키는 대로만 하며 자기 자신의 지적 능력을 무시해서는 안 된다. 어떤 믿음이든, 자신의 지적 능력을 통해 시험해 보아야만 한다. 이를 위해 모든 노력을 다하라. 지적 능력을 잃어버리면, 자신의 전부를 잃어버리는 것이다.

10, 진정한 지혜는 모든 것을 아는 지식이 아니다. 삶에 어떤 것이 필요한 지식이고, 어떤 것이 덜 필요한 지식이며, 어떤 것이 필요 없는 지식인지 아는 것이다. 가장 필요한 지식은 잘사는 방법에 관한 것인데, 즉 악행을 줄이고, 최대한 선행을 하며 사는 법을 아는 것이다.

11, 참된 지혜는 무엇이 좋은 것이고 무엇을 해야 하는지 아는 것이 아니라, 무엇이 가장 좋은 것이고, 무엇이 그보다 덜 좋은 것인지, 그래서 무엇

을 던저 하고, 무엇을 나중에 해야 하는지 아는 것이다.

12, 지혜로운 자는 무지를 두려워하지 않고, 의심을 두려워하지 않고, 노동과 탐구를 두려워하지 않는다. 그는 자기가 모르는 것을 안다고 확신하는 것만 두려워한다.

13, 지혜의 내용은 긍정적인 것보다 부정적인 것이 많다. 자신의 지적 능력을 통해 무엇이 비이성적인지, 무엇이 불의인지, 무엇이 해서는 안 되는 일인지 구분할 줄 아는 것이 지혜다.

14, 지혜로운 사람에게는 네 가지 특징이 있다. 첫째, 스스로를 지혜롭다고 여기지 않는다. 둘째, 남에게 하라고 권하는 일은 자신도 한다. 셋째, 정의에 어긋나는 행동은 절대 하지 않는다. 넷째, 남의 결점을 너그럽게 넘긴다.

15, 학자는 독서로 다양한 지식을 얻은 사람이다. 교육받은 사람은 당대에 가장 널리 보급된 지식과 수단을 자기 것으로 만든 사람이다. 지혜로운 사람은 자기 삶의 의미, 즉 사명을 아는 사람이다. 지혜는 자신의 사명과 그것을 수행하는 방법을 아는 것이다.

16, 지혜는 고독 속에서 이루어지는 정신 활동과, 사람들과 어울리는 가운데 자신을 의식하는 활동으로 얻어진다. 사람들과 함께 있을 때는, 네가 혼

자 있을 때 깨달은 것을 잊지 마라. 혼자 있을 때는, 사람들과 사귀면서 깨달은 것을 깊이 생각하라.

17, 남에게 주어도 줄지 않는 보물이 하나 있다. 원하는 대로 주어도, 점점 커지기만 하는 이 보물은 바로 지혜다. 하지만 타인의 지혜를 받아들이려면 노력이 필요하다. 사람에게 필요한 모든 것은 한순간에 주어지지 않는다. 오랜 시간에 걸쳐, 끊임없이 노력하여 얻어 내야 하는 것이다.

18, 지혜롭고 싶다면, 고독 속에서 너 자신의 세계관을 정립하라. 그리고 세상 속에 살며 그것을 몸소 실천하라. 사막에서는 물 한 잔이 황금보다 귀하듯, 삶에서는 스스로의 지혜로 얻은 행복이 어떤 지식보다 귀하다.

16

어리석은 이들에겐 침묵이 최고의 언어다

1, 그 사람의 인성은 말을 하고 듣는 태도, 무엇을 부끄러워하고 부끄러워하지 않는가, 정직의 정도에서 고스란히 드러난다.

2, 다른 사람들에 대해서는 나쁘게 말하고, 너에 대해서는 좋게 말하는 사람의 말에는 귀 기울이지 마라.

3, 때론 침묵이 가장 완벽한 대답이다. 손보다 혀가 더 많이 휴식하게끔 하라. 침묵은 무지하고 무례한 이에게 쓸 수 있는 최고의 언어. 해야 할 말을 하지 못해 후회스러운 일이 백 가지 중 하나라면, 하지 말았어야 할 말을 해서 후회스러운 일은 백 가지 중 아흔아홉 가지다.

4, 침묵은 어리석은 이를 향한 최선의 대답이다. 만약 그를 향해 나쁜 말이

나 비판을 한다면, 그는 분명 몇 배는 큰 것으로 되받아칠 것이다. 이는 오히려 불길 속에 장작을 던져 넣는 셈 아닌가. 무엇을 어떻게 말해야 하는지도 중요하지만, 침묵은 그보다 몇 배 더 중요한 것이다.

5, 혀끝까지 나온 나쁜 말을 내뱉지 않고 삼켜 버리는 것. 그것이 세상에서 가장 좋은 음료다. 언제 어떻게 말해야 하는지 배우는 것도 중요하지만, 더욱 중요한 것은 언제 어떻게 침묵해야 하는가이다. 잘못 말한 것을 후회하는 일은 많다. 하지만 침묵한 것을 후회하는 경우는 없다.

6, 말을 하는 사람은 어리석을지라도, 듣는 사람은 현명해야 한다! 친절한 말은 증오를 밀어낸다. 모욕적인 말은 화를 부른다. 미친 사람과 똑같아지지 않으려면, 그의 말에 똑같은 기분으로 대답하지 마라.

7, 무슨 말을 해야 할지 미리 고민하지 않아도 될 때는, 마음이 차분하고 선하고 사랑에 차 있을 때뿐이다. 마음이 차분하지 못하고, 화가 나고 안달이 날수록 더더욱 말을 조심하라.

8, 세상에는 두 종류의 사람이 있다. 먼저 생각하고 나중에 말하며 행동하는 사람과, 먼저 말이나 행동을 한 후 나중에 생각하는 사람이다. 인생을 잘 살고 싶다면, 반드시 전자의 사람이 되어야만 한다.

9, 말하고 싶을 때마다 우선 입을 꾹 다문 채 생각 먼저 하라. 그 말을 할 가치가 있는지, 할 필요가 있는지, 그 말로 인해 누군가를 상처 입히게 되는 일은 없을지 생각하라. 더 많이 말하고 싶어 할수록, 하지 말아야 할 말을 해 버릴 위험은 커진다. 항상 여기서 문제가 발생한다.

10, 아무것도 말할 것이 없는 사람일수록 말이 많고, 말이 많은 사람일수록 행동은 거의 하지 않는다. 현명한 사람은 행동보다 말이 앞설까 경계하고, 말하기 전에 오래도록 침묵한다. 그것은 할 말이 없어서가 아니라, 생각하기 위함이다. 이를 보면 쉴새 없이 말하는 사람은, 생각도 거의 하지 않는다는 사실을 알 수 있다.

11, 말은 힘이 굉장히 세다. 말은 사람들을 하나로 만들기도 하지만, 완전히 갈라놓기도 한다. 말로 사랑을 만들 수도, 적대감을 빚을 수도 있다. 따라서 언제나 말은 신중, 또 신중해야 한다. 말해야 할 때 침묵하지 말되, 침묵해야 할 때 말하지 말라. 말은 적을수록 좋다.

12, 장전된 총을 조심해서 다뤄야 한다는 것은 누구나 안다. 하지만 말을 조심해야 한다는 사실은, 왜인지 자주 잊어버린다. 말도 총처럼 사람을 죽일 수 있고, 심지어 죽음보다 더 큰 해악을 입힐 수도 있는데.

13, "총상은 나을 수도 있지만, 혀로 입은 상처는 절대 아물지 않는다." 사

람들이 들어찬 건물에서 누군가 "불이야!" 하고 외치면, 모두 한꺼번에 문으로 몰려들어 수십, 수백 명이 죽기도 한다. 말로 인한 해악도 그렇다. 말 때문에 피해를 입는 사람이 당장 눈앞에 보이지 않더라도, 함부로 하는 말의 해악은 명백하게 크다.

14, '사고'는 성스러운 힘의 표현이고, '말'은 사고의 표현이다. 따라서 너의 생각과 일치하는 말만 해라. 그리고 때로는 말에 감정이 담길 수 있지만, 악이 전달되어선 안 된다. 시간은 흘러 사라져도, 한번 입에서 나온 말은 영원히 남는다. 소리 내어 하지 않는 말은 황금과 같다.

15, 언제나 띄엄띄엄 천천히 말하던 노인이 있었다. 말로 죄를 짓지 않기 위해서였다. 말하지 않아서 후회하는 일이 한 번이라면, 말을 해서 후회하는 일은 백 번이고, 내뱉은 말을 후회하는 것이 천 번일 때, 말하지 않은 것을 후회하는 일은 한 번이 될까 말까다.

16, 사람 사이의 사랑은 세상에서 최고로 좋은 것이다. 말로 그 사랑을 깨뜨리지 않도록 매 순간 주의를 기울여라. 다툼의 시작은 댐으로 스며드는 물줄기와 같다. 댐이 무너지면, 물살을 막을 방법이 없다. 더 이상 돌이킬 수 없게 된다. 그리고 모든 다툼은 바로 말에서 비롯된다.

17, "너는 그르고 나는 옳다."는 단언은 타인에 대한 가장 잔인한 말이다.

그것이 삶에서 중요한 일에 관계될 때는 특히 그렇다.

18, 논쟁하지 마라. 논쟁은 아무도 설득하지 못할뿐더러, 편을 갈라 모두를 화나게 만들 뿐이다. 논쟁 한 번에 얼마나 많은 것을 낭비하게 되는가. 만약 두 사람이 서로 적대적이라면, 두 사람 모두 잘못하는 것이다. 한 사람이라도 자신을 조금 억제하고 마음을 푼다면, 불화는 곧 사라질 테니 말이다.

19, 대화는 기쁜 것이지만, 다 좋은 것은 아니다. 누군가와 오랜 대화를 나누었다면, 어떠한 말들이 오고 갔는지 곰곰이 한 번 생각해 보라. 대화의 많은 것들이 때로는 전부 무의미하고, 공허하고, 하찮고, 심지어 어떤 건 나쁘기까지 하다는 사실을 깨닫고 놀라지 말라.

20, 험담은 세 가지 방향으로 해악을 미친다. 험담의 대상이 되는 사람, 험담을 함께 듣는 사람, 그리고 가장 중요하게는 험담하는 사람 자신이다. 말은 곧 결과를 예측할 수 없는 행동이다. 따라서 말하는 것에 주의하라. 감당하기 어려운 재앙을 만나고 싶지 않다면.

21, 괜히 아름답게 말을 꾸미는 사람은 거짓말을 하고 있거나, 자기 자신을 드높이려는 사람일 뿐이다. 이런 사람의 말을 절대로 믿어서는 안 된다. 참된 말은 언제나 간결하고 명확하여, 모든 사람이 쉽게 헤아릴 수 있는 언어로만 이루어져 있다.

22. 거짓 학문과 종교는 잘 다듬어진 현학적인 언어를 사용해, 대중을 유혹한다. 그래서 진리를 모르는 이들은 그것이 아주 진지하고, 중요한 것이라 너무 쉽게 믿어 버린다. 선하고 지혜로운 사람일수록, 단순한 언어를 통해 자기 생각을 표현한다는 사실을 명심하라.

23. 진실의 말은 세상 어떤 보물보다 귀하다. 거짓말은 그 거짓을 감추기 위해, 또 다른 거짓말을 계속할 수밖에 없다. 그러므로 사소한 거짓말도 하지 말라. 사소한 것이 커다란 결과를 낳는다. 거짓말은 거짓말한 사람을 고통 속으로 더 몰아넣는다. 그 사람은 조만간 자기가 한 말을 부정해야 할 상황에 놓이게 되고, 결국 구원을 찾게 된다. 솔직한 말은 구도자의 말보다 더 큰 힘을 가진다.

24. 거짓말은 언제나 해롭다. 아무리 사소한 거짓말이라도 그것이 내적으로 또는 외적으로 미치는 영향은, 진실을 말할 때의 어색함이나 불쾌함보다 훨씬 해롭다.

25. 진실을 말하는 것은 훌륭한 재단사가 되거나, 아름답게 글씨를 쓰는 것과 같다. 어떤 일이든 능숙해지려면, 연습이 필요한 법이다. 아무리 노력해도 반복해서 하지 않은 일은 수월하게 해낼 수 없다. 진실을 말하는 데 익숙해지려면, 아주 사소한 것도 항상 진실만 이야기해야 한다.

26, 우리에게 흔들림 없는 행복을 주는 법칙이 요구하는 것은, 진실하라는 요구다. 아무리 작은 일이라도, 진실을 외면하지 마라. 다른 사람이 어떻게 생각하는지, 어떻게 말하는지는 전혀 중요하지 않다. 언제나 진실만을 추구하라. 지적 능력은 거짓과 진실을 구분하기 위해 주어진 것이다. 거짓에서 벗어난다면, 어떻게 살아야 하는지 분명해질 것이다.

27, 진실함은 진정 위대한 미덕이다. 진실함이 없다면, 어떤 미덕도 있을 수 없다. 진실을 행하고 말하고 생각하는 기술을 끊임없이 배워라.

28, 진실이 들리도록 하기 위해선, 친절하게 이야기해야 한다. 흥분한 채 이야기하는 것은, 아무리 이치에 맞고 옳은 말이라 해도 잘 전달되지 않는다. 진실은 마음속에서 진심으로 나오는 말일 때만 상냥하다. 네가 전하고자 한 진실을 상대가 오해한다면, 적어도 다음 중 하나는 진실이란 것을 알아야 한다. 네가 한 말이 거짓이거나, 친절하게 말하지 않았기 때문이다.

29, 말을 하면서 자신을 의식하면, 생각의 실마리를 놓치게 된다. 자신을 완전히 잊고 자신을 벗어났을 때, 비로소 타인과 효과적으로 소통할 수 있다. 그때 타인의 이야기를 귀담아들을 수 있게 되며, 그들에게 도움과 영향을 줄 수 있다. 진정한 경청이란, 자기 자신을 저 멀리 떠나보낸 채 듣는 것이다.

30, 현명하고자 한다면 현명하게 질문하는 방법, 주의 깊게 듣는 태도, 더 이상 할 말이 없을 때 침묵하는 방법을 알아야 한다. 그리고 무엇보다 진정 현명한 사람은, 자신이 현명하다고 생각하지 않는다.

31, 확신하지 못하겠다면, 절대로 말하거나 떠벌리고 다니지 마라. 이는 아주, 아주 중요한 원칙이다. 무언가 성취하려면 부단히 노력해야 한다. 그중 가장 힘들고도 중요한 노력은, 함부로 떠들어 대지 않는 것이다. 귀 기울여 들어라. 조용히 행동하라. 그리고 아주 조금만 말하라.

17

행동하라, 인생이 되고 곧 운명이 된다

1, 무언가 하기로 결심했다면 말과 생각은 그만 멈추고, 무조건 행동하라. 행동하면 인생이 되고, 곧 운명이 된다. 이것이 바로 우리가 삶을 지배하고 다스리는 법칙이다.

2, 행동의 결과는 대부분 눈에 드러나지 않는다. 행동의 결과에는 한계가 없기 때문이다. 만약 행동의 결과를 모두 볼 수 있다면, 그 행동은 어떤 의미도 가지지 못할 것이다. 그저 지금 하는 일을 묵묵히 수행하라. 그리고 지금 이 순간이, 앞으로 올 시간에 크게 기여할 것임을 믿어라.

3, 우리가 삶에서 이뤄야 할 위업은 없다. 우리의 삶 자체가 위업이 되어야 한다.

4, 세상에 위대한 행동이란 없다. 그저 의무를 다했거나, 자신이 해야 할 일을 마쳤을 뿐이다. 이는 마치 풀을 베는 농부가 스스로 위대한 일을 했다며 자랑하는 것과 같다. 우리는 우리가 한 일에 대해서가 아니라, 올바르게 행하지 못했던 일들에 대해서만 후회한다는 것을 명심하라.

5, 이성의 판단이나 내적 동기와는 무관하게 외부의 영향에 따라 행동하고 싶을 때는, 잠시 멈춰 자신을 끌어들이려는 외부의 영향이 선한지 악한지, 옳은지 그른지, 반드시 신중하게 따져 보아야 한다.

6, 어떤 행동이 좋은지 나쁜지 판단하려면, 그것이 인간의 사랑을 크게 할 것인가 아닌가만 자신에게 물어보라. 그렇다는 답이 나온다면, 그것은 틀림없이 좋은 행동이다. 바로 실천하더라도 어느 하나 지적할 게 없는, 그야말로 완벽한 행위다.

7, 마음이 급할 때는 뭘 하는 게 가장 좋을까? 아무것도 하지 마라. 진정 자유롭고 싶다면 욕망을 꺾어라. 특정 순간에 뭘 해야 하는지 모를 수는 있지만, 그때 하지 말아야 하는 일이 뭔지는 분명하다. 하지 말아야 할 일을 피함으로써, 좋은 삶을 위해 꼭 필요한 일을 시작하게 될 것이다.

8, 해선 안 되는 일들을 하지 마라. 그러다 보면 해야 할 일들을 하고 있을 것이다. 욕망에 자신을 맡기고 즐거움을 추구하기 시작하면, 욕망은 점

점 커져 자신을 옭아매고 만다. 세상 사람들이 어떻게 사는지를 보라. 도시에 있는 기차, 자동차, 비행기, 박물관, 고층 빌딩 등을 보라. 그리고 자문해 보라. "인류가 더 잘 살게 되려면, 나는 무엇을 해야 하는가?" 곧 해답이 나올 것이다. 필요 없는 일을 하지 말라. 지금 네가 하고 있는 일들 대부분이 그렇다.

9, 살면 살수록 아무것도 하지 않는 시간의 지혜를 알게 된다. 인간에게 가장 강한 힘은 난폭함이 아니라, 오직 고요함에서만 나온다. 서두르지 마라. 서두르면 서두를수록 할 수 있는 일은 오히려 적어지고, 거리는 멀어진다.

10, 잘못은 빨리 고쳐야 한다. 잘못은 처음엔 한 번 찾아온 손님이었다가, 자주 찾아오는 손님이 되고, 나중엔 집주인이 되고 만다. 잘못은 거미줄처럼 자신을 얽매어 버린다. 잘못을 반복하면 할수록 거미줄은 점점 더 굵고 튼튼해져, 결국 강철봉이 되어 버릴 것이다.

11, 잘못을 고치려면, 잘못을 잘못으로 인정해야 한다. 잘못을 인정하지 않는 것은, 잘못을 더 키우는 일이다. 잘못이 드러나도 그것을 인정하지 않고, 자신의 삶을 바꾸지 않으며, 비난을 아무렇지 않게 여긴다면 그들은 인간이 아니다.

12, 위급한 상황에선 절대 행동을 미루지 마라. 모든 위험은 시작될 때 불

을 꺼야지, 일단 불이 번지고 나면 그 불길을 잡기란 매우 어려운 일이다. 망설일 시간이 없다. 당장 움직여라.

13, 칭찬받는 것에 신경 쓰면 행동하기 어렵다. 어떤 이는 이런 것을 칭찬하고, 다른 이는 저런 것을 칭찬하기 때문이다. 남을 의식하지 마라. 인생에서 무엇을 할지는 자신만이 결정할 수 있고, 또 그렇게 해야만 한다. 이 점을 안다면, 삶은 훨씬 더 쉬워질 것이다.

14, 사람들이 찬성해 주기만 바라면, 어떤 결단도 내리지 못한다. 사람들의 평가는 끝이 없고, 참으로 다양하다. 훌륭한 사람들에게 인정받고 싶다고 너는 말할 것이다. 그러나 너는 네 행위를 칭찬해 줄 것 같은 사람들을 가리켜, 훌륭한 사람들이라고 말할 뿐이다. 칭찬을 기대하지 마라. 그저 마땅히 해야 하는 일을 실행으로 옮겨라.

15, 스스로 좋다고 생각하는 일을 하라. 다른 사람의 평가에 좌우될 필요 없다. 독립적으로 생각하지 못하면, 타인의 영향 아래 놓이게 된다. 타인의 생각 속에서 늘 살아야 한다면, 이것은 육체가 부자유한 것보다 훨씬 더 심각한 노예 상태다. 내적 양심의 중요성은, 바깥세상의 판단과는 비교도 할 수 없다. 그 양심과 함께 영원히 살아야 한다.

16, 이미 오래전부터 받아들여진 전통을 깨는 일은 어렵다. 하지만 더 나아

지는 길로 한 걸음씩 내딛을수록 낡은 규칙, 관습, 견해를 깨뜨릴 힘이 생겨난다. 자신의 양심에 따라 살지 못하고, 남들이 정해 놓은 어리석은 규칙과 전통을 순순히 따랐던 나의 과거가 참으로 부끄럽다.

17, 양심을 무시해서는 안 된다. 양심은 가장 큰 자산이다. 양심은 혼란스러운 일상 속에서, 진리를 찾을 수 있도록 하는 힘이다. 다른 사람에게 배운 진리는 몸에 살짝 붙어 있는 데 그치지만, 양심에 따라 행동하여 스스로 발견한 진리는, 내 몸의 진정한 일부가 된다.

18, 양심의 소리는 다른 욕구들이 내는 잡음과 항상 구별된다. 겉으로 보기엔 쓸모없는 것과 무의미한 것, 이해할 수 없는 일을 요구하는 것 같다. 하지만 실제론 값진 노력으로만 얻어 낼 수 있는, 정말 아름다운 무언가를 요구하고 있는 것이다. 육체에 꼭 맞는 옷을 입기보다는, 양심에 꼭 맞는 옷을 입는 것이 좋다.

19, 양심의 소리는 곧 신의 소리다. 양심의 요구는 신의 요구이므로, 거역하지 말고 따라야 한다. 삶이 양심에 부합하지 않을 때 양심은 마비되고, 그 삶은 일그러진다. 다른 사람에게나 자신에게나 양심에 어긋나는 일을 하지 마라.

20, 인간을 이끄는 지침은 오직 하나이며, 그것은 양심이다. 양심은 삶을

바르게 이끄는 길잡이다. 양심이 동의하지 않는 모든 것을 경계하라. 언제나 양심의 소리에 더 귀를 기울이고, 언제나 그 소리와 일치하는 삶을 살라.

절대로 너 자신을 비판하지 마라.
특히 다른 사람과 비교하지 마라.

오직 과거의 너와
지금의 너만을 비교하라.
너는 무한히 성장할 수 있다.

노동과 성취

18

일하지 않는 것은 죄악이다

1, 일하지 않고도 살아갈 수 있다는 이유로, 일하지 않는 것은 죄악이다.

2, 노동은 삶의 필수 조건이다. 달구지에 채워진 말이 걸을 수밖에 없듯, 인간도 일을 하지 않을 수 없다. 인간에게 일은 호흡과 같다.

3, 노동처럼 인간을 고결하게 만드는 것은 없다. 노동하지 않는 자는 인간적 존엄을 지킬 수 없다. 그래서 무위도식하는 사람들이 겉치레에 마음을 쓰는 것이다. 그런 겉치레라도 없으면, 사람들에게 경멸당한다는 것을 알기 때문이다.

4, 인간도 동물과 똑같이, 굶주림과 추위로 죽지 않기 위해 일해야 하는 존재다. 자신을 부양하고, 악천후 같은 조건 속에서 자신을 지키기 위한 노동

은 동물에게나 인간에게나 고통이 아니라, 기쁨이다.

5, 불행으로 가는 너무도 쉽고, 간단한 지름길을 찾았다. 바로 일하지 않는 것이다. 아무 일도 하지 않으면 지루하게 되고, 지루하게 되면 나쁜 짓을 저지르게 된다. 어찌 이것이 불행이 아닐 수 있겠는가. 노동은 행복이다. 노동에서 해방되는 것이 커다란 불행이다.

6, 너에게 필요하고, 마땅히 해야 한다고 생각되는 일을 하라. 그러지 않으면, 쓸모도 없고 불필요한 온갖 어리석은 일을 행하게 된다.

7, 나태한 삶을 경계하라. 게으른 사람은 존중받지 못한다. 근면한 노동 습관을 갖지 못한 것은 무엇보다 큰 불행이다. 자연은 부지런하기 때문이다. 그래서 모든 나태함에 벌을 내린다. 게으름은 크나큰 죄악이다.

8, 육체는 영혼의 첫 번째 학생이다. 육체의 가장 큰 기쁨은, 노동 후 휴식이다. 세상 그 어떤 오락도 이것과 비교할 수 없으며, 육체를 쓰지 않고선 살아갈 수도 없다. 육체를 사용함으로써, 만족과 기쁨을 누릴 수 있는 것이다. 나태에 젖어 있는 육체는 영혼을 고양시킬 수 없고, 따라서 행복도 없다.

9, 먹고 자는 등 육체가 꼭 필요로 하는 것을 채워주지 못하면, 육체는 금

세 그 결핍을 드러낸다. 그래서 큰 문제가 되지 않지만, 빈둥거리는 게으른 생활의 결과는 한참 시간이 지난 후에 나타난다. 점차 몸이 약해지고, 정신 또한 약해진다. 수많은 문제가 한꺼번에 쏟아진다.

10, 언제나 기분 좋은 상태이길 바란다면, 습관적으로 움직여라. 피곤해질 때까지 움직여라. 악마가 사람 낚시를 할 땐, 여러 미끼를 쓴다. 하지만 게으른 사람에겐 미끼도 필요 없다. 찌만 던져도 물기 때문이다. 게으른 사람의 마음은 그야말로 악마들의 낙원이다.

11, 부지런히 일하여 손에 굳은살이 박인 사람은, 식탁의 제일 윗자리에 앉아 따뜻한 밥을 먼저 먹을 자격이 있다. 그렇지 않은 사람은 식탁의 제일 아랫자리에 앉아, 남은 찬밥을 맨 나중에 먹어야 한다. 이것이 이 사회의 법률이요, 도덕이요, 철학이다. 열심히 일한 후의 식사야말로 참으로 귀한 것이다.

12, 얼마나 가졌는가가 아니라, 얼마나 일하는가를 기준으로 사람을 존경해야 한다. 게으르고 부유한 이들이 존경받는 반면, 농부나 기술자처럼 성실히 노동하는 이들은 존경받지 못하는 경우가 많다. 어디 이뿐인가.

13, 식사를 준비하고, 집을 청소하고, 빨래를 하는 등 일상적 노동을 무시하고선 결코 훌륭한 삶을 살 수 없다. 많이 가진 사람이 아니라, 자신의 자

리어서 열심히 그리고 부지런히 일하는 사람들이 존경받아야 하는 것이다.

14, 타인의 노동에 의존한 채 살아간다면, 간절하게 기도하고 제아무리 많은 것을 희생한다 한들, 절대로 훌륭한 삶을 살 수 없다. 게으름을 멀리하고, 직접 움직여 일하라. 게으름은 네게 주어진 가장 큰 선물을 파괴한다. 노동은 꼭 필요하다. 노동하지 않는 삶은 끔찍한 고통이다.

19

가장 좋아하는 일을 해야 행복해진다

1, 의심의 여지 없는 행복의 조건은 노동이다. 노동과 휴식이 반복되는 일을 가지고 있다면, 그 삶은 기쁘다. 하지만 모든 삶이 그런 것은 아니다. 열심히 일하는 것도 중요하지만, 어떤 일을 하는가가 그보다 훨씬 더 중요하다.

2, 너를 가장 즐겁게 해주는 일, 네가 가장 좋아하는 자유로운 일을 찾아 그 일에 전념해 보라. 눈빛이든, 표정이든, 목소리든, 자신이 좋아하는 일 한 가지에 끊임없이 집중하는 사람들에게선 항상 진지함과 여유로움, 부드러움이 묻어 나온다. 이것은 그들이 그 일 덕분에 행복하기 때문이다.

3, 굳이 위대한 일을 찾지 마라. 현재 처지에서 요구되는 일을 최선의 방법으로 성실히 해 나간다면, 삶은 충만해질 것이다. 따라서 굳이 위대한 일을

찾을 필요는 없다. 단지 해서는 안 된다고 여겨지는 일을 하지 마라. 해로운 일을 하느니, 아무 일도 안 하는 게 낫다.

4, 인간도 동물과 마찬가지로 자신의 생존을 위해 일해야 하지만, 오직 자신만을 위해 일하는 경우엔 살아가기 힘들다. 인간은 모든 사람을 위해 일해야 한다. 다시 말해, 세상을 더 좋게 만들려는 대의와 공의를 가지고 일하는 인간이야말로 행복하고, 그의 삶엔 값진 의미가 생긴다.

5, 진정으로 자신의 일에 몰두하고 있는 사람은, 모두 삶의 모습이 단순하다. 왜냐하면 그들은 쓸데없는 일에 마음 쓸 겨를이 없기 때문이다. 또한 그들은 착한 일을 하기 위해 힘쓰고 애쓰기보다는, 나쁜 일을 하지 않기 위해 힘쓰고 애쓴다.

6, 지금 하는 일을 완전히 망각하게 만드는, 무아지경의 순간이 찾아올 때가 있다. 마치 마술처럼 일에 관한 생각은 전혀 없는데도, 일이 제가 알아서 정확하고 정교하게 되어 나갈 때. 이럴 때야말로 가장 행복한 순간이다. 일을 할 때는, 이러한 순간을 자주 경험할 수 있어야 한다.

7, 혼자 할 수 있는 일은 혼자 해라. 스스로 할 수 있는 일을 괜히 남에게 떠넘겨 괴롭히지 말라. 이는 스스로 걸을 수 있음에도, 자꾸 업어달라고 징징대는 아이와 같다. 자기가 맡은 역할을 스스로 하지 않고, 다른 사람들에게

대신 시킨다면 영혼도 쇠락하여 죽게 된다.

8, 재산을 불리려고 안달하는 것만큼 영혼에 공허하고, 무익하고 해로운 일도 없다. 그러나 이것처럼 사람들이 끝없이 매달리는 일도 없다. 정직하게 그리고 성실하게 노동하되, 지나치게 욕심부리지 마라. 자족하지 못하고, '조금만 더, 조금만 더' 하는 그 욕심이 죽음과 파멸을 가져온다.

9, 자신이 맡은 일을 열심히 해야 한다. 하루 열심히 일하고 쉬는 것은, 세상에서 가장 크고 순수한 기쁨이다. 차이점이라면, 어떤 일을 열심히 하는가에 있을 뿐이다. 지옥은 즐거움 뒤에 숨어 있고, 천국은 노동과 고통 뒤에 숨어 있다는 것을 잊지 말라.

10, 공동의 일에 봉사하라. 사랑의 일을 행하라. 절제하고 노력하라. 나쁜 말을 하지 말고, 나쁜 일을 하지 마라. 육체적 나태함과 소심함을 극복하라. 사람들에게 필요하고 좋고, 사랑이 넘치는 언행에 힘써라. 모두 사소하고 눈에 띄지 않는 일이지만, 이런 작은 씨앗들이 모여 사랑과 행복의 숲이 우거진다.

20

이 세상에 네가 하지 못할 일은 없다

1, 과거가 삶의 방향에 아무리 큰 영향을 미칠지라도, 인간은 정신력으로 그 방향을 바꿀 수 있다.

2, 이 세상에 네가 아예 할 수 없을 정도로 불가능한 일이란 존재하지 않는다. 그러므로 살아있는 동안엔 용감하게 살아야 한다. 불가능하다고 느끼는 유일한 이유는 용기의 부족이다. 하지만, 너는 이미 가지고 있다. 네 가슴 속에 살아있는 그 타오를 것 같은 용기를 깨워, 밖으로 꺼내 놓기만 하면 된다.

3, 주눅 들어 있거나 기죽지 마라. 다른 사람 앞에서 작아지지 말라. 특출난 게 없어도 괜찮다. 아무것도 할 줄 몰라도 괜찮다. 사람은 뭐든 배울 줄 알며, 뭐든 배울 수 있기 때문이다. 무엇이든 할 마음만 있으면 된다. 그것으

로 충분하다. 절대 의기소침하지 마라. 어떤 상황에서도 자신감을 가져라!

4, 너는 너 자신에게, 심연 위로 올라갈 수 있는 날개가 있다는 사실을 믿어야 한다. 그 날개가 없다면 결코 위로 올라갈 수 없으며, 절경도 볼 수 없다는 것을 깊이 이해해야 한다. 너 자신의 날개의 힘을 믿은 채, 그 날개가 이끄는 곳으로 자신 있게 날아갈 수 있어야 한다.

5, 항상 어느 때보다도 건강하고, 활기찬 상태로 자신을 느껴라. 마치 근육의 힘 따위 빌리지 않고도 움직일 수 있다는 듯, 자기 자신을 육체를 완전히 초월한 존재처럼 여겨라. 세상 속의 그 어떤 일이든, 전부 해낼 수 있다고 굳게 믿어라. 그럼 그렇게 될 것이다.

6, "끝까지 참는 사람은 구원받을 것이다." 조금만 더 노력하면 목적을 달성할 수 있는데, 우리는 왜 그토록 자주 절망하고, 멈추고, 심지어 뒷걸음질 쳐 오히려 다시 멀어지는가.

7, 한 여자가 실수로 바다에 귀한 진주를 떨어뜨렸다. 그녀는 바닷물을 삽으로 퍼내기 시작했다. 그때 바다 정령이 그녀에게 다가와 물었다. "바닷물 퍼내기를 언제 그만둘 것인가?" 여자가 대답했다. "바다에서 물을 다 퍼내고, 진주를 찾으면요." 그러자 정령이 진주를 찾아와 그녀에게 돌려주었다. 간절하다면 끝까지 하라. 모든 신들이 기꺼이 도울 것이다.

8, 실패에 좌절하거나 절망하지 말라. 참으로 실패하는 것은 눈에 보이지 않는다. 눈에 보이는 실패는 그림자에 불과하다. 눈에 보이는 것으로만 판단하는 것은 일차원적인 발상이며, 이런 발상을 가진 사람은 어리석은 사람이다.

9, 인간은 일단 익숙한 길에서 튕겨 나가면, 모든 게 끝장났다고 생각한다. 그러나 새롭고 좋은 것은, 오로지 그곳에서만 시작된다는 것을 기억하라. 삶이 지속되는 한 행복도, 기쁨도, 즐거움도 여전히 존재한다. 너의 앞길에는 많은 것들이, 아주 많은 것들이 그대로 놓여 있다.

10, 거친 폭풍 속에서만 항해사의 진정한 솜씨를 볼 수 있다. 맹렬한 전쟁터에서만, 군인의 진정한 용맹성을 확인할 수 있다. 인간의 진정한 용기는 인생에서 어렵고 위험한 상황에 놓였을 때, 어떻게 대처하는지를 봐야만 알 수 있는 것이다.

11, 항상 자신의 내면을 의식하라. 자유와 용기와 삶의 기쁨, 선의 막강한 위력을 경험하라. 이 세상의 모든 훌륭한 것, 오로지 인간만이 할 수 있는 모든 선한 것과 위대한 것을 스스로 해낼 수 있다고 믿어라. 의심보다 믿음이 강할 때, 그때 인간은 이상을 현실 세계로 옮겨 놓을 수 있다.

12, 혼자 생활하든, 다른 사람과 관계 맺으며 생활하든 상관없이, 단 한 가

지 지켜야 할 원칙이 있다. 곧 인생을 가치 있게 살고자 한다면, 기꺼이 자신을 희생할 준비가 되어 있어야 한다는 것이다. 희생 없이 삶을 개선하려는 시도는 모두 헛되며, 그러한 시도는 개선의 가능성을 없앨 뿐이다. 가치있는 무언가를 얻으려면, 가치 있는 희생이 따라야 한다.

13, 뒤돌아보는 일 없이 노력해야 한다. 열매는 반드시 열린다. 시간이란 없다. 온 인생이 집약된, 현재의 한순간이 있을 뿐이다. 그러니 지금 이 순간에 모든 노력을 기울여라. 진정한 삶은 시간의 개념을 벗어나 존재한다. 오직 지금 서 있는 곳에서 최선을 다하라.

14, 유약하고 의지박약한 인간, 부드러운 침대에서 늘어지게 잠만 자 대는 인간, 달짝지근하고 기름진 음식만 먹어 대는 인간, 술을 고래처럼 마셔 대는 인간, 당장의 쾌락만 쫓아다니는 인간, 단 한 번도 힘든 일을 해본 적이 없는 인간. 이런 인간들이 할 수 있는 일이란 없다.

15, 편안함이라는 습관, 즉 안락함의 습관은 사람을 유약하게 만든다. 약해지고 싶지 않다면, 신세계를 발견하고 있는 여행자라도 된 듯 끊임없이 도전하라. 끝없는 해방의 기쁨과 미지의 세상에 대한 설레는 느낌을 계속해서 경험하라.

16, 전투에서 수천 명을 상대로 수천 번 승리한 것과, 자기 자신을 상대로

한 번 승리한 것을 비교하자면, 후자가 수천 배는 더 가치 있는 일이다. 살면서 네가 진정으로 이겨야 할 대상은 유일무이하다. 바로 너 자신이다. 너 자신을 넘어서는 데 모든 전력을 다하라.

21

넘어지면 몇 번이고 다시 일어나라

1, 네 삶의 목적이 무엇인지는 모르겠다. 어쨌든 그 목적을 달성하려면, 노력 말고는 길이 없다.

2, 외적인 결과는 너의 뜻대로 할 수 없지만, 노력은 언제나 뜻대로 할 수 있고, 언제나 좋은 내적 결과를 불러온다.

3, 자신을 발전시키고자 하는 사람은, 몇 번이나 과거의 방식으로 되돌아가면서도 어쨌든 노력을 멈추지 않는다. 뒷걸음질보다는 앞으로 나아가는 정도가 항상 더 크다. 그리하여 내면적 삶의 진보를 원하는 사람은 결국 성공하게 된다. 이것은 불변의 법칙이다. 계속 노력하라.

4, 세상의 변화를 꿈꾸는 사람은 많지만, 정작 자기 자신의 변화를 꿈꾸는

사람은 많지 않다. 왜일까. 자기 자신에게 변화가 일어날 때, 비로소 진정한 삶을 살게 되는 법인데.

5, 한 자루의 초로 다른 초에 불을 붙이면 수천 개의 초가 타오를 수 있듯, 하나의 마음이 다른 마음에 불을 붙이면 수천 명의 마음도 타오르게 할 수 있다. 세상 모든 것은 너 자신으로부터 시작된다. 자신을 먼저 살피고, 자신을 먼저 개선하라. 그럼 그 외의 것은 모두 알아서 따라올 것이다.

6, 세계를 개선하기 위해 네가 할 수 있는 유일한 일은, 네가 더 나은 사람이 되는 일이다.

7, 보다 나은 사람이 되기 위해, 쉴 새 없이 노력하라. 여기에 인생의 참된 의미가 포함되어 있다. 어떻게 계속해서 앞으로 나아갈 것인가, 그것은 오직 노력에 의해서만 가능하다. 노력 없이는 결코 현명한 사람이 될 수 없다. 노력 없이는 단언컨대 지혜로운 인간이 될 수 없다.

8, 노력과 자기 발전 없는 삶은 한낱 꿈에 불과하다. 네가 해야만 하는 일은 네 능력 안에 있다. 너에게 일어나는 일은 그렇지 않다. 하지만 어떤 일이든, 그것은 네가 선을 이루도록 도와준다. 자신의 삶이 만족스럽지 않다고 여기는 이는, 환경을 바꿔 삶을 더 낫게 만들고자 한다. 하지만 무엇보다 먼저 바꿔야 하는 것은, 영혼의 상태다. 이 일은 언제 어디서든 누구나

할 수 있다.

9, 현명한 사람은 자신에게 일어나는 일보다, 마땅히 해야 할 일에 더 마음을 쓴다. 그는 이렇게 말한다. "마땅히 해야 할 일을 하는 것이 내 일이고, 내게 일어나는 일은 하늘의 일이다. 나에게 무슨 일이 일어나더라도, 내가 해야 할 일을 방해할 수 있는 것은 아무것도 없다."

10, 성의 없이 대충 음식을 만든 후, 신이 맛있게 해주길 바랄 순 없다. 삶에서 잘못된 방향을 선택하고선 나중에 신이 상황을 바꿔 주거나, 갑자기 그 방향을 좋게 만들어 주리라 기대해선 안 된다. 잘못된 일을 하지 않도록 노력하지 못하겠다고 말한다면, 이것은 스스로 인간이 아닌 동물이라고 인정하는 것이다. 인간은 노력을 통해 변화할 능력이 있는 존재기 때문이다. 결국 인생은 동물의 단계에서, 인간의 단계로 옮겨가기 위해 분투하는 일련의 과정이다.

11, 인간은 신이나 다른 사람들이 자신을 도와주기를 바라지만, 그 자신 외에는 아무도 도울 수 없다. 그를 도울 수 있는 것은 그의 선한 삶뿐이며, 그것은 오직 그 자신의 노력으로만 가능하기 때문이다.

12, 남이 아닌 자신의 의지에 따라 사는 것이 중요하다. 그러자면 자신의 영혼을 위해 사는 데 필요한 노력을 다해야 한다. 악몽에서 깨어나려면, 반

드시 노력이 필요하다. 동물적인 삶에서 인간적인 삶, 영적인 삶으로 발돋움하기 위해서도 노력해야 한다. 중단 없이 노력하라.

13, 삶을 개선하기 위한 너의 노력이 아무리 사소하고 보잘것없다 해도, 그것은 꼭 필요하다. 바로 그런 사소한 노력에서 행복을 위한 모든 작용이 일어나기 때문이다. 그러므로 아무도 보지 않고 재촉하지 않더라도, 위선적으로 행동하지 말고 고삐를 잡아당겨라. 노력은 행복을 얻는 수단이 아니라, 노력하는 그 과정 자체가 행복이다.

14, 진정 좋은 일은, 끝내기까지 큰 노력을 들여야 하는 법이다. 하지만 좋은 일을 아무리 많이 해도 완벽에 이르진 못한다. 인생의 목적은 완벽해지는 것이 아니라, 많은 유혹과 편견을 이겨내는 데 있다. 이는 노력으로써만 가능하다. 나쁜 꿈에서 깨어나듯 과거의 삶을 떨치고 일어나려 노력함으로써, 자기 자신을 구할 수 있다. 힘들이지 않는다면 기쁨이 없고, 노력이 없다면 인생을 이해할 수 없다.

15, 너는 자신이 누구인지, 또 어떤 존재가 되고 싶은지, 되어야 하는지를 가슴 깊이 느껴야 한다. 나아가 그런 존재가 되기 위해 노력해야 한다. 이를 위해 고요함을 가까이하라. 인류 최대의 성과는 고요한 영혼에서만 나왔다. 궁전으로 가는 문은 힘껏 밀치는 게 아닌, 살짝 잡아당겨야 열린다.

16, 사회를 개선하는 방법은 딱 한 가지, 개개인이 개선되는 것뿐이다. 이를 위해 해야 할 일은 단 하나, 내적 자아를 개선하는 일이다. 악에 맞서 싸우며 삶을 개선하는 일은, 개개인의 영적 발전으로만 시작될 수 있다. 이른바 지식인이라 하는 이들을 상대로 인생을 개선하는 방법에 대해 물으면, 놀랍도록 상이한 답변들이 나온다. 이토록 의견이 다른 것은, 남이 남의 삶을 개선해주기란 불가능하다는 것을 증명한다.

17, 결국 세상을 개선하는 유일무이한 방법은, 자기 자신이 스스로의 영적 자아를 개선하는 것뿐이다. 인간은 육체적 삶이 끝나면 죽는다. 이는 감각적으로나 지적으로나 분명한 사실이다. 신이 다스리는 세상의 법칙이기도 하다. 그렇기에 이를 이해하고 있는 사람은, 육체적 삶의 열매를 위해 아등바등하지 않는다. 오직 영적 삶을 위해 최선을 다한다. 자기 내면의 상태를 적극적으로 발전시켜 나간다는 뜻이다.

18, 노력 없이 물질적 성과를 거둘 수 없다는 점은 누구나 안다. 이는 인생의 주된 목표인 영적 삶에서도 마찬가지다. 노력하지 않는다면, 영혼이 얻을 것도 없다. 자신의 현재 모습에 안주하지 않고 내적 완성을 열망하는 것은, 지적인 삶을 위해 꼭 필요한 조건이다. 그리고 이런 조건 속에서만, 자신을 개선할 방법을 찾을 수 있다.

19, 이미 자신이 좋은 사람이라고 확신하고 있다면, 어떻게 더 좋은 사람이

될 수 있겠는가. 올바른 인간은 결코 자기 자신에게 만족하지 않는다. 자신에 대한 불만은 이성적인 삶의 필수 조건이며, 스스로를 단련하게 하는 유일한 동기다. 자신에게 만족하지 못해 내적인 삶을 개선하기 위해 노력하다 보면, 외적인 삶 역시 개선된다.

20, 탐욕과 사치와 분노를 다스리는 법을 깨우쳐라. 진정한 삶은 더 나은 사람이 되기 위해, 영혼의 힘으로 육체를 극복하는 삶이다. 이것은 저절로 이루어지지 않는다. 노력이 필요하며, 노력 자체가 기쁨이 된다.

21, 노력은 반복될 때만이 착하다. 넘어지면 몇 번이고 다시 일어나라. 다시 느력해야 할 때, 절망 속에 주저앉아버려서는 안 된다. 누에고치는 나비가 되어 날아갈 때까지 열심히 실을 뽑아낸다. 너도 너를 개선하기 위해 계속 노력하면, 틀림없이 날개를 얻을 것이다.

타인에게 얽매이지 마라.

아무도 두려워하지 말고,
아무에게도 굽실대지 말며,
당당하게, 그리고 탄탄하게,
너 자신의 의지대로 살아라.

_____

_____

_____

_____

_____

_____

관계와 사랑

22

사람과 사람 사이는 결국 사랑이다

1, 사람은 사랑으로 대해야 한다. 사랑 없이 사람을 대해도 무방하다는 생각은 실수다. 나무를 자른다거나, 철을 만드는 일처럼 사랑 없이 사물을 다룰 수는 있다. 하지만 사랑 없이 사람을 대할 수는 없다. 사람을 대할 때는 사랑이 꼭 있어야 한다.

2, 주의하지 않고 함부로 벌을 다뤄서는 안 되듯, 인간성을 염두에 두지 않고 사람을 대해서는 안 된다. 아주 조심하지 않으면 자신도 벌도 다치게 되는 것과 마찬가지로, 사람의 특성도 똑같다. 서로 사랑하는 것은, 인간 존재의 근본 원칙이기 때문에 당연한 일이다.

3, 사람을 사랑으로 대하지 않기 때문에 마찰을 빚는 것이다. 타인에게 사랑을 느끼지 못할 땐 가만히 앉아 자신을 돌아보거나, 하고 싶은 일을 해도

되지만 사람을 대하는 것은 하지 않는 게 좋다. 괜찮아질 때까지 혼자만의 시간을 보내라. 배고플 때 음식을 먹어야 해롭지 않듯, 사람을 대하는 것도 사랑이 있을 때 해야 해롭지 않다.

4, 새 만남을 환영하라. 누군가와의 만남이 획기적인 사건이 되는 경우가 있다. 그 만남으로 인해, 한 사람의 내면에 있던 가장 훌륭한 무언가가 갑자기 영혼 속에서 새로 깨어난다. 겉으론 예전과 똑같이 보일지언정, 그의 내면세계에선 완전히 다른 삶이 시작된다.

5, 무슨 생각을 하든, 또 무엇을 하든, 만나는 사람을 연민과 부드러운 감동의 마음가짐으로 대해 보라. 마주하고 있는 사람을 향해 진실한 사랑을 쏟아부어 보라. 그러면 지금까지 출구를 찾지 못하고 헤매던 사랑의 물줄기가, 영혼 속에서 길을 찾아 똑바로 흐르기 시작할 것이다.

6, 열 사람이 힘을 합치면, 백 사람이 따로 하는 것보다 훨씬 더 많은 양을 생산할 수 있다. 거의 모든 문제의 원인은, 함께 힘을 합치지 못한다는 데 있다. 곁에 있는 이들을 사랑하라. 그들을 더 많이 사랑할수록, 더 가깝게 느끼게 된다. 사랑할 때 상대와 나는 비로소 하나가 된다. 사랑은 사람과 사람을 결합으로 이끈다.

7, 어머니가 자식을 보호하고, 키우고, 돌보는 것처럼 자신의 가장 귀중한

능력, 즉 타인을 사랑하는 능력을 보호하고 북돋아야 한다. 사람은 타인을 사랑하고, 타인에게 사랑받을 때 비로소 행복해지기 때문이다. 결국 진정한 행복은 사랑을 통해서만 드러나는 것이다.

8, 사랑이 세상에서 가장 중요하다는 점을 이해한다면, 사람을 만날 때 그가 어떤 쓸모를 가졌는지보다, 어떻게 그에게 도움을 줄 수 있을지 생각하게 될 것이다. 그리고 이렇게 되면, 자신만 생각할 땐 불가능했던 일들이 가능해지며, 훨씬 더 좋은 결과를 얻을 것이다.

9, 사람들과 있을 땐 단순해져라. 단순함은 언제나 매력적이다. 아이나 동물이 우리의 마음을 사로잡는 것도 바로 그 때문이다. 자신을 지나치게 포장하거나, 유별난 행동, 눈길을 끄는 요란한 행위는 삼가라. 단순함만큼 너와 사람들을 가깝게 만들어 주는 것은 없다.

10, 원하건 원치 않건, 모든 인간은 다른 사람과 연관을 맺지 않을 수 없다. 그러니 이왕이면 친절하라. 친절은 세상을 아름답게 한다. 어둠을 기쁨으로 바꾼다. 모든 비난을 해결한다. 얽힌 것을 풀어헤치고, 곤란한 일을 수월하게 만들며, 암담한 것을 즐거움으로 변형시킨다. 그리고 무엇보다도 적이 생기지 않는다. 되도록 친절하라.

11, 누구를 만나든, 지금 이 순간이 이 사람을 볼 수 있는 마지막 기회라고

생각하라. 이렇게 하면 가혹하거나 냉담한 말을 자제하고, 부적절한 행동도 피할 수 있을 것이다.

12, 너는 모든 생명체와 하나다. 그러니 모든 생명에 대해서 너 자신이 대접받고 싶은 대로 대해야 한다. 지혜롭고 친절한 사람이 느끼는 기쁨은 그 자신의 양심에 있는 것이지, 남들의 입술에 있는 것이 아니다. 꽃을 주고 기뻐하라. 그리고 잊어라. 생각지도 못했던 때에 다른 꽃을 받게 될 것이다.

13, 다른 생명이 고통스러워하는 것을 보고 아픔을 느낀다면, 눈을 돌려 도망치려는 동물적 감정에 빠지지 말고, 당장 달려가 그 생명을 구할 방법을 찾아라. 그럴 수 있음에도 그러지 않는다면 네게 도움을 바랐던 사람을 돕고, 마땅히 해야 할 일을 했다는 기쁨을 누릴 기회를 영원히 놓친 것이며, 그 기억은 너를 괴롭게 만들 것이다.

14, 우리는 내적인 성장이나 영혼의 가치가, 상장이나 훈장보다 훨씬 중요하다는 것을 잊어버린다. 이것은 작은 촛불이 햇살보다 더 밝다고 여기는 것과 같다. 우리의 삶과 영혼은 타인과 연결되어 있다. 그러므로 타인을 위한 선행은, 곧 자신을 위한 것이다. 이상한 말로 들리겠지만, 몇 번 경험해 보면 이내 확신하게 될 것이다.

15, 네가 가진 모든 장점을 동원해 다른 사람을 도와라. 몸이 튼튼하다면

약한 이를 돕고, 지혜롭다면 그렇지 못한 이를 도와라. 아는 것이 많다면 배우지 못한 이를, 부자라면 가난한 이를 도와라. 타인을 도울 때 느끼는 감정이, 인간에게 실로 최상의 기쁨이다. 타인을 돕는다는 것은, 자기 자신을 기쁘게 하는 일이다.

16, 사람들에게 베푸는 선의를 그들에게 주는 선물이라고 생각하지 마라. 그것은 네가 너 자신에게 주는 선물이다.

17, 우리가 삶에서 부자가 되고, 즐거움을 얻고, 남과 논쟁하는 데 들이는 시간의 아주 작은 부분이라도, 내면의 자아를 살찌우고, 양심을 따르는 데 사용한다면 악은 사라지리라. 사랑하는 이가 저지른 실수 등에 대해 화내거나 불평하지 마라. 다른 사람이 이웃을 흉보고 비난하거든, 그 말은 무시하라. 비방과 험담에 귀 기울이지 마라. 다른 사람을 덜 심판할수록, 너 자신에게 유익한 일이다.

18, 자기중심적인 사람은 행복할 수 없다. 진정 자신을 위한다면, 남도 생각하라. 사람들은 더 높은 지위, 더 많은 월급, 더 큰 부나 명예를 목표로 삼아 인생을 거기에 바친다. 하지만 인생의 진정한 기쁨은 다른 사람과 교류하고, 대화하는 데 있다. 사소한 일상의 이야기든, 진지한 토론이든, 대화를 통해서 남과 하나가 된다. 그리고 이때 삶은 자유롭고 기쁜 것이 된다.

19, 사람은 누구나 자신만의 짐을 지고 살아가지만, 다른 사람의 도움을 아예 받지 않고서는 살 수 없다. 따라서 너는 다른 사람을 도와주어야 하며, 또 그들에게 도움을 받으면서 살아야 한다. 이것이 아주 오래전부터, 인간의 생존을 가능하게 한 유일한 법칙이었다.

20, 모든 도움은 상호적이어야 한다. 누군가에게 지원과 도움을 받았다면 돈으로 갚아야 할 뿐만 아니라, 사랑과 존경과 감사함으로도 갚아야 하는 것이다. 그것이 참된 인간의 도리이다.

21, 아무리 사소한 선행이라도 절대 무시하지 말라. 거기엔 가장 위대하고 중요한 행동 못지않은, 엄청난 에너지가 필요하다. 본래 삐뚤은 자세보다 올바른 자세가 훨씬 어려운 법이다. 경시해도 괜찮은 선행이란 있을 수 없다. 어떠한 선행에도 빼먹지 않고, 감사와 존경을 표하는 이야말로 진정한 인간이다.

22, 다른 사람을 헐뜯지도 말고, 칭찬하지도 말라. 헐뜯다 보면 좋은 점을 발견하지 못한다. 칭찬만 하다 보면, 기대가 너무 높아진다. 그저 다른 사람을 있는 그대로 존중하라. 그러면 다른 사람들도 똑같이 존중해줄 것이다. 사람들에게 필요한 것은 딱 한 가지. 인격체로서의 존중, 다시 말해 그의 인간적 가치를 존중해주는 것이다.

23, 인간은 남들에게 비판받는 것이 두려워, 자신의 잘못이나 실수 등을 숨기려고만 한다. 하지만 이는 잘못이다. 때로 비판은 자신의 발전에 매우 유용하기 때문이다. 내가 모르고 있거나 미처 파악하지 못한 부분을 보고, 그것을 다른 사람이 알려줄 수 있지 않은가? 단, 올바르게 수용할 수만 있다면 말이다.

24, 저 멀리 높은 곳에 펼쳐진 영원한 하늘을 보아라. 구름이 질주하는 저 높고 무한한 하늘에 비하면, 모든 인간은 몹시 작고 하찮은 존재다. 옆에 서 있는 사람이 누구든지, 너에 대하여 무슨 말을 하든지 아무 상관하지 마라. 삶을 완전히 다른 방식으로 이해하여 살기를 바란다.

25, 역사를 살펴보면, 침묵하는 이들은 조롱당했다. 소리 내어 말하는 이들도 조롱당했다. 지상에선 누구나 조롱의 대상이 된다. 비난받을 일이 전혀 없는 사람도, 칭찬만 받을 수 있는 사람도 없다. 그러므로 남들의 비난이나 칭찬에 관심 두지 말라. 그러지 않으면, 사람들의 변덕스러운 의견, 판단, 소문 속에 빠져 평생을 허우적거리게 된다.

26, 인간은 지진이 일어나, 갱도에 갇혀 버린 광부처럼 살아야 한다. 이런 광부는 남들의 의견에 대해선 가능한 한 생각하지 않으며, 오직 생존하기 위해 최선을 다한다. 인생도 이와 다르지 않다. 아첨꾼은 상대를 낮게 평가하기 때문에 아첨하는 것이다. 그러니 그 말을 듣고 기뻐할 이유가 어디

있는가? 자신에 대한 남들의 말에 관심이 많은 사람은, 절대로 마음의 평화를 얻을 수 없다.

27, 남의 인생에 참견하지 마라. 삶을 어떻게 살아야 한다며 타인에게 강요하거나, 설교를 늘어놓는 이에겐 정작 자기 삶을 살 시간이 남아 있지 않게 된다. 오로지 후회만 남는다. 나의 인생에서도 이제껏 나에게 최대의 손실을 준 것은 공연한 참견이었다. 남의 인생은 남의 것이다.

28, 바다의 물과 산의 계곡물을 보고 배워라. 얕은 계곡물은 시끄러운 소리를 내지만, 깊은 바닷물은 고요하고 움직임도 거의 없다. 타인이 자기보다 열등하거나, 우월하다고 생각하는 일이 많다. 그럴 땐 모두에게 같은 영혼이 존재한다는 점을 기억하라. 부디 깊은 바다 같은 사람이 되어라.

29, 나쁜 기분은 대개 한 사람에게서 그치지 않고, 그 사람 주변으로 전파되기 때문에 나쁜 것이다. 그래서 불필요하게 관계를 망치는 경우가 많다. 만약 절망스럽고 불행하다 느낀다면, 어느 정도 혼자만의 시간을 가져라. 그리고 기분이 조금 나아졌을 때 남들과 어울리면 된다. 분별력 있는 사람은 남에게 불쾌감을 느끼게 할 수 있는 일을 혼자 있을 때 하듯, 불쾌한 기분에 몸을 맡기는 것도 혼자 있을 때 한다.

30, 사람과 사람 사이의 관계에서 정말 중요한 것은, 서로 얼마나 잘 맞느

냐가 아니다. 서로의 다른 점을 어떻게 극복해 나갈 것이냐다. 다른 점은 있을 수밖에 없다. 이를 극복하지 못하면, 결코 하나가 될 수 없다. 그리고 이를 극복하는 방법은 서로에 대한 사랑과 배려, 이해와 감사, 공감과 수용, 정신적 교류밖엔 존재하지 않는다.

31. 작은 구멍 하나에 항아리의 물이 다 새어 버리듯, 단 한 사람이라도 증오하면, 그 인생은 결국 비어 버린다. 특히 그 한 사람이 자기 자신이라면, 물이 빠지는 속도는 이루 말할 수 없을 것이다. 미워하지 말라. 사랑하려고 노력하라. 사랑만이 인생을 끝없이 풍요롭게 한다.

32. 빛이 어둠 속에서 더 밝게 빛나듯, 미움을 버리면 사랑이 발하는 빛은 더 강하고 활기차게 타오를 것이다.

23

분노는 화를 내는 사람에게 가장 해롭다

1, 분노는 남에게도 해롭지만, 분노하는 본인에게 가장 해롭다. 분노는 그것을 불러일으킨 모욕보다 늘 훨씬 해롭다. 분노의 감정 자체가 파괴적이기 때문이다.

2, 사람에 대한 분노는 인생 최고의 행복인 사랑에 정면으로 반한다. 인간에게서 인생 최고의 행복을 이보다 더 확실히 빼앗는 것은 없다.

3, 사람들이 분노를 억제하지 못하는 이유는, 분노 속에 일종의 호기가 있다고 생각하기 때문이다. 그들은 분노는 감춘 채, 단단히 혼내 주었다고 말한다. 그러나 그것은 착각이다. 좋은 분노란 없고, 있을 수도 없다. 분노는 힘이 아니라, 나약함의 증거다. 분노에 사로잡혀 힘없는 사람 혹은 아이나 아내, 심지어 동물을 때리는 사람은 자신의 나약함을 드러내는 것이다.

4, 누군가로 인해 화가 날 때, 상대의 나쁜 점을 통해 화난 감정을 정당화하려 하기보다는, 상대의 좋은 점을 찾아보라. 그러면 어느 정도 화가 누그러질 것이다. 물론 상대에 대한 화를 억누르지 못하는 경우도 많다. 그렇다고 해도, 말이나 행동에서 그 감정을 드러내지 않는 것이 현명하다.

5, 화가 나면, 말하거나 행동하기 전에 열까지 세어라. 그래도 화가 가라앉지 않는다면, 백까지 세어라. 그러다 보면 자신이 정말 사소한 일에 분노했다는 사실에 놀라게 된다. 인생을 살며 가장 가치 있는 일 중 하나는, 분노를 느끼면서도 그 분노를 행동으로 옮기지 않는 것이다.

6, 분노는 한때의 광기다. 만약 이 감정을 억제하지 않는다면, 너는 필히 분노에 사로잡히고 말 것이다. 그 뒤엔 후회가 차오르겠지. 그러므로 분노가 일 때는, 움직이지도 말고 말을 하지도 말라. 분노가 차오르는 그 순간에 몸과 혀를 움직인다면, 그것은 더욱 커져 버릴 것이다. 거칠게 날뛰고, 악다구니를 쓰면 분노는 훨씬 격렬해진다.

7, 화내는 버릇을 없애려면, 다른 사람이 화낼 때 어떤 모습인지 잘 살펴보는 것이 좋다. 분노에 사로잡힌 사람의 몰골을 볼 때, 흉측하게 일그러진 시뻘건 얼굴과 목쉰 소리로 주정꾼이나 짐승을 닮아갈 때, 역겨운 상소리를 지껄일 때, 나라고 저리 꼴사납게 되지 말란 법은 없다고 생각하라.

8, 별것도 아닌 일로 쓸데없는 짓 하지 마라. 상대가 너에게 나쁜 말을 했다면 잘못을 고쳐 주고, 어떻게 하면 좋은 말을 할 수 있는지 가르쳐 줘라. 물론, 모든 인간은 죄인이니 싸울 수 있다. 하지만 이제는 화해하고 모든 것을 덮어줘라.

9, 악한 방향으로 가면, 더 나쁜 일만 생길 뿐이다. 계산적인 태도는 싹 치워 버리고, 그저 네가 해야 할 일을 하라. 다른 사람들에게 악을 품지 마라. 그래야 복을 받는다. 악을 품으면 품을수록, 복은 너에게서 멀어지는 법이다.

10, 원한을 품는 것은 상대방이 아니라, 너 자신한테 안 좋은 짓이다. 상대방을 때린다고 해서, 네 인생이 더 나아지지 않는다. 원한이 너의 눈을 감기게 한 것뿐이다. 다른 사람의 죄는 눈앞에 있어 잘 보이는데, 네 죄는 등 뒤에 있어 보지 못하는 것이다.

11, 너는 상대방이 잘못했다고 말하지만, 혼자만 잘못했다면 싸움이 나진 않는다. 싸움은 한 사람 때문에 생기는 게 아니다. 싸움은 둘 사이에서 나는 것이다. 어떤 수를 곱해도 영은 영이다. 상대방 혼자만 나쁜 짓을 하고, 너는 착하게 굴었다면 싸움은 일어나지 않았다.

12, 한쪽의 행동이 어떤 흠도 없이 완벽했다면, 거울처럼 매끄러운 표면에

성냥을 그어 불을 붙일 수 없듯, 다툼이 났을 리 없다. 상대방 잘못만 보지 말고, 너의 잘못을 보라. 너는 모든 게 상대방 탓이라고 하지만, 인생의 문제는 잘못된 삶의 방식에서 나오는 것이다.

13, 너한테 한마디 한다고 너는 두 마디 하고, 너한테 침 한 번 뱉었다고 너는 두 번 뱉고, 그러지 말라. 영혼에 대해 생각하라. 너한테 무슨 말을 해도 네가 입을 다물면, 그 사람은 스스로 양심에 가책을 느낄 것이다. 괜한 고집 부리지 마라. 모든 것은 다 너의 자존심 때문이다.

14, 문제를 일으켜 봐야, 전부 너에게로 돌아온다. 너만 더 피곤하게 될 뿐이다. 그저 네가 해야 할 일만 기억하라. 누구든지 너를 기분 나쁘게 한다면, 그냥 잊고 너의 일을 열심히 하라. 그럼 일은 훨씬 더 잘 풀릴 것이며, 너의 마음도 늘 가벼울 것이다.

15, 누군가 너에게 나쁜 짓을 한다면, 앙갚음하기보다는 다른 방법을 택해 상황을 바꿔 보려고 노력하라. 누군가 너에게 나쁜 말을 한다면, 더 악하게 대답하기보다는 나쁜 말을 하지 않도록 가르쳐 줘라. 그럼 너는 더욱 훌륭한 사람이 될 것이며, 이전보다 훨씬 더 잘살게 될 것이다.

16, 악에 악으로 맞서지 말라. 나쁜 짓을 저지르면, 나쁜 일이 오게 되어 있다. 악과 악이 충돌하면, 더 큰 악이 생길 뿐이다. 악으로 악을 없앨 수는

없다. 만약 없앨 수 있다면, 그 악의 자리를 너 자신에게로 옮겨 놓는 것뿐이다. 불행에 져주면 불행도 너한테 져줄 것이다. 똑같은 사람이 되어 악을 행하지 마라.

17, 인간이 저지른 악은 영혼을 위축시키고, 진정한 행복을 앗아간다. 또한 그 악은 악을 저지른 자에게 돌아간다. 악행은 야수를 성나게 하는 것과 같다. 악행은 세상에서 가장 난폭한 형태로 그것을 저지른 자에게 되돌아간다. 그러니 악한 자는 대적하지 말고 내버려 둬라. 반드시 그 스스로 파멸한다.

18, 악을 악으로 갚는 일을 그만두게 되면, 모든 것이 사라지고 말 것이라고 하는 이들이 있다. 이것은 마치 강 위의 얼음이 녹으면, 강이 사라진다는 말과 같다. 하지만 실제로는 어떤가? 얼음이 녹고 나면 배가 물 위를 오가고, 새로운 삶이 시작되지 않는가. 악에 악으로 답하면, 악이 사라지긴커녕 몇 배로 자라난다.

19, 인간은 타인의 죄는 얼굴에 묻은 검댕처럼 잘도 찾지만, 자기 자신은 양심의 거울에 도통 비춰 보질 않는다. 이 거울을 더 자주 들여다보라. 그러면 타인의 죄를 비난하는 일은 줄고, 더 평화로운 삶을 살게 될 것이다. 자신의 결점을 자주 생각하고 고치려 노력한다면, 남의 결점은 생각나지도 않을 것이고, 그럴 겨를조차 없을 것이다. 자신의 허물을 알면, 남의 허

물에 너그러워진다.

20, 나뭇가지를 꺾으면, 그 가지는 나무에서 떨어져 나간다. 마찬가지로 늘상 다른 사람과 다투는 이는, 인류 사회에서 떨어져 나간다. 나뭇가지는 남의 손으로 꺾지만, 다투는 사람은 스스로의 악행과 분노로 자신을 고립 시킨다. 싸우지 마라. 우리는 자신에게도 타인에게도 동일한 영혼이 존재 한다는 점을 이해하지 못한다. 이것을 이해하지 못하면, 영원히 인생을 이 해할 수 없다.

21, 사기꾼이나 도둑은 결국 길을 잃은 사람이 아닌가? 그렇다면 불쌍히 여겨야 한다. 길 잃은 사람을 응징하기보다는 동정하라. 증오를 품고 사는 것은, 마음속에 독을 품고 사는 것이다. 이 독이 누구를 시들어가게 하는지 생각해 보라. 다른 사람에 대한 증오는 버리는 게 좋다. 그러면 결국 술을 끊은 알코올 중독자와 같은 기쁨을 느낄 것이다. 이는 곧 순수한 존재가 되 었다는 아름다운 기쁨이다.

22, 아무에게도 거친 말을 쓰지 마라. 쓸데없는 말도 삼가고, 좋은 말을 하 려고 노력하라. 모든 사람과 다 잘 지낼 수는 없겠으나, 웬만하면 사이좋게 지내는 편이 좋다. 적을 만들어서 유익한 점이 대체 무엇이 있는가. 나쁜 행동을 삼가고, 오로지 너의 길을 굳건히 걸어가도록 하라. 그럴 수만 있다 면, 너의 걸음은 늘 기쁠 것이다.

24

지혜로운 이들은 남을 비난하지 않는다

1, 자기 자신을 극복한 사람은 남을 비난하지 않는다.

2, 어떤 파티에서 한 손님이 인사하고 떠나자, 남아 있던 모두가 그를 헐뜯기 시작했다. 두 번째 사람이 떠날 때도 같은 일이 일어났고, 남은 손님이 하나하나 떠날 때도 마찬가지였다. 마지막 남은 손님이 말했다. "여기서 밤을 지새우고 싶습니다. 떠난 사람들이 하나같이 겪는 것을 보니 두렵습니다." 험담하는 사람과 어울리지도 말며, 험담하는 사람이 되지도 말라.

3, 남을 비난하는 것은 대다수 사람이 너무도 좋아하는, 또 도저히 자제할 수 없는 하나의 오락이다. 하지만 비난이 불러일으키는 온갖 폐해를 곰곰이 생각해 본다면, 이 오락을 멈추지 않는 것이 얼마나 커다란 죄악이며, 자신에게 얼마나 큰 손실인지 깨닫게 될 것이다.

4, 사람들은 왜 그렇게 비난을 좋아할까? 모두 남을 비난할 때는, 자신은 비난받을 짓을 하지 않았다고 생각하기 때문이다. 하지만 정말 그럴까? 살면서 죄를 짓지 않는 사람은 한 명도 존재하지 않는다. 죄 없는 사람도 없고, 완전히 올바른 사람도 없다. 우리는 남의 잘못을 비난하지만, 대부분 자신도 똑같은 잘못과 죄를 짓는다. 그런 기억이 나지 않을 뿐이지, 남보다 더한 죄를 지었을 수도 있다.

5, 아픈 이의 겉모습을 비난할 수 있는가? 곪은 상처가 역겹다 해도 비난해선 안 된다. 마찬가지로 어리석은 이도 비난해선 안 된다. 인내심을 가지고 지적 능력을 발휘하라. 지갑이 없어지기라도 하면 금방 알아차릴 것이다. 하지만 가장 소중한 것, 지적 능력과 친절함을 잃어버렸을 땐 어째서 알아차리지 못하는가? 스스로는 죄로 가득 차 있으면서도, 타인의 죄는 참지 못하는 일이 너무도 많다.

6, 남을 비난하는 것은 쓸모도 없고, 너 자신과 남에게 해롭기만 하다. 어떤 사람을 비난하고 싶어지는 그 순간에 반드시 억제하라. 어떤 사람에 대해 나쁘게 말해선 안 된다는 사실을 늘 마음속에 간직하고 다녀라. 네가 알고 있는 것이 설령 사실이라 할지라도 말이다. 확실치도 않으면서, 소문만 듣고 옮기는 말이라면 더더욱 그렇다.

7, 이유가 뭐가 되었든, 남을 정면으로 비난하는 것은 옳지 않다. 그를 망

신시키기 때문이다. 보이지 않는 곳에서 비난하는 것은 불성실하다. 덕을 기만하는 것이기 때문이다. 어쨌든 타인을 책망하는 것은 잘못이다. 타인의 영혼에 무슨 일이 일어났는가, 혹은 무슨 일이 일어나는가 알 수 없기 때문이다.

8, 만약 누군가를 꼭 비난해야 할 필요가 있다는 생각이 든다면, 그 당사자에게 가서 직접 전하라. 그리고 적대감을 일으키지 않는 방법과 태도로 이야기하라. 그것이 현명한 사람의 처세법이다.

9, 스스로에게 화가 날 때, 사람은 보통 자신의 영혼을 탓하기보다 '내가 왜 그렇게 했을까….'라며 행동을 비난한다. 그렇다면 남들에게도 똑같이 해야 하는 것 아닌가? 만약 누군가 잘못을 저질렀다면, 그 영혼이 아닌 행동만을 비난하라.

10, 남을 심판하지 말라. 누군가 너를 심판하고, 너에게 나쁜 말을 한다고 해도, 너는 그를 심판하지 말라. 무시해라. 어차피 그 자신만 손해 보는 것이다. 말은 목표를 이루기 위한 도구이기 때문이다.

11, 말은 잘못 사용하지 않도록 조심해야 하는 것이며, 자신과 남의 말, 글로 쓰인 말 등 모든 말을 존중해야 하는 것이다. 그러니 어떤 말도 타인을 비난하는 데 사용하지 말라. 지혜로운 이들은 이를 잘 알고 있기에 남을 비

난하지 않는다.

12, 비난하면 안 된다는 것은 분명한 진리다. 비난한 것을 후회한 적은 수백 번도 넘지만, 비난하지 않은 것을 후회한 적은 한 번도 없기 때문이다. 남을 비난하는 습관을 버려라. 그러면 삶은 가뿐해질 것이며, 너의 영혼에서는 사랑의 힘이 강해지고, 생명력과 행복이 커지는 것을 느낄 것이다.

25

사람은 겸손할수록 강해진다

1, 사람은 겸손할수록 강해지고 자유로워진다. 반면 자신이 잘났다고 생각할수록 약해지고, 자유와 멀어진다. 사람들이 미워할 것이기 때문이다. 거만하며 허풍 심한 사람을 좋아하기는 어렵다. 이런 것을 보면, 겸손하고 온화한 삶의 중요성을 확실히 알 수 있다. 겸손과 온화함은 삶에서 가장 중요한 것, 사랑을 크게 만들기 때문이다.

2, 선량함과 겸손함처럼 사람의 마음을 끄는 것은 없다. 눈에 보이지 않는 그 미덕을 스스로 찾아야 한다. 선량함과 겸손함은 모든 음식에 빠져서는 안 될 양념 같은 것이다. 아무리 좋은 것도 선량함과 겸손함이 없으면 가치가 없고, 아무리 나쁜 것도 선량함과 겸손함이 있으면 쉽게 용서받는다.

3, 너와 사람들 사이의 평화는 좋은 삶을 위한 필수 조건이다. 평화를 방해

하는 주된 장애물이 바로 '오만'이다. 언제나 겸손하라. 모욕을 참고 비방과 오해를 견뎌 낼 준비가 됐을 때만, 너와 사람들과의 관계에 평화를 끌어들일 수 있다. 게다가 겸손함은, 이기적이고 오만한 이들이 절대 경험할 수 없는 종류의 고결한 기쁨을 안겨 준다.

4, 인간이 자신의 몸을 스스로 들어 올릴 수 없듯, 스스로를 높일 수는 없다. 남들 앞에서 자신을 칭찬하는 것은 어리석은 짓이다. 네가 스스로를 칭찬할수록 그것은 역효과를 일으켜, 사람들은 오히려 너를 더 보잘것없게 평가한다. 기억하라. 너 자신을 추켜세울수록 너의 자리는 불안해지고, 너 자신을 낮게 하면 할수록 그 위치는 더욱 견고해진다는 것을.

5, 물이 산꼭대기에 머물지 않듯, 겸손은 오만과 함께 머물지 못한다. 물과 겸손은 모두 낮은 곳을 향한다. 자신을 낮출 때만, 다른 사람들을 통해 자신의 부족한 점을 발견할 수 있다. 그리고 이보다 효과적으로 스스로를 개선시키는 일은 없다. 자신을 낮추고 겸손을 배워라. 혼자 있는 시간에 자신의 오만한 생각과 맞서 싸워라. 겸손은 스스로를 향상시키는 지름길이다.

6, 오관은 어리석음과 언제나 동행한다. 오만한 사람은 제일 먼저 자기 자신에게 해를 입힌다. 타인과의 대화와 공감이라는 인생에서 가장 큰 즐거움을, 스스로 차단해 버리기 때문이다.

7, 밀밭에 자라는 잡초는 땅의 수분을 빨아들이고, 햇볕을 가려 좋은 밀이 죽게 만든다. 오만도 마찬가지다. 오만은 힘을 빼앗고, 진리의 빛을 가린다. 오만할수록 다른 사람의 눈에는 어리석은 존재로, 얼마든지 속여 넘기고 조종할 수 있는 멍청한 존재로 비치게 된다.

8, 오만한 사람은 초반엔 다른 사람들에게 실제보다 그 영향력이 훨씬 크게 느껴지고는 한다. 하지만 언젠가 영향력이 사라지고 나면, 틀림없이 만천하의 조롱거리가 되고 만다.

9, 엉성한 바퀴는 언제나 요란하고, 빈 이삭은 고개를 쳐들고 있다. 오만한 사람이 그렇다. 다른 사람을 불쾌하게 만드는 이들을 살펴보면, 대체로 자기 자신을 지나치게 사랑한다는 공통점이 있다. 그래서 이들은 굉장히 자기중심적이고, 무례하며, 자신이 최고인 듯 거만한 태도를 보인다. 지나친 자기 사랑이 오만의 출발점인 셈이다.

10, 오만은 오직 자기만 사랑하는 행동의 정점이다. 오만한 사람은 다른 사람을 업신여기며, 욕심이 많아 제 이익 챙기기에만 혈안이 돼 있다. 이런 이를 좋아할 사람은 한 명도 없다. 따라서 오만한 이는 제아무리 많은 재능을 가졌어도, 다른 사람들에게 절대 사랑받지 못한다. 그를 기다리고 있는 것은, 울어주는 이 하나 없는 처량하고 비참한 죽음뿐이다.

11, 물보다 더 부드럽고, 양보를 잘하는 것은 없다. 하지만 물보다 더 강한 것도 없다. 약한 것이 강한 것을 이기고, 부드러움이 잔인함을 이기며, 겸손이 오만을 이긴다. 모두가 아는 사실이지만, 이를 따르는 사람은 없다. 자신을 훌륭하게 하기 위해 가장 필요한 일들을 왜 가장 멀리하는 걸까.

12, 모든 유혹은 오만에서 온다. 스스로를 유혹에서 구하려면 겸손하라. 선행의 진정한 기쁨을 경험하고 싶다면, 다른 사람 몰래 행동하고 그 사실도 아예 잊어버려라. 그때 선행은 자신의 안과 밖 모두에서 빠짐없이 드러나게 될 것이다. 진실되게 겸손하고, 진정으로 선한 사람은 조용히 행동하는 법이다.

13, 소박한 사람이 되고자 노력하는 것은, 지하에서 햇살로 올라가는 것과 같다. 더 많이 오를수록 더 밝은 빛을 볼 수 있다. 내면의 자신에 대해 생각하면 할수록, 자신이 작게 느껴져 더더욱 겸손해질 수 있다. 스스로를 자주 살펴라. 그럴수록 더 많은 사랑과 삶의 지혜를 얻을 것이다.

14, 모든 것이 그렇지만, 진정으로 친절한 사람은 자신이 친절하다고 생각하지 않는다. 더욱 친절해질 수 있음을 알고 있기 때문이다. 이런 사람은 언제 어디서든지 항상 겸손하며, 늘 마음이 평화롭다. 마음의 평화를 향한 길에 놓인 장애물은, 오로지 겸손을 통해서만 제거되기 때문이다.

15, 이 세상에서 인간이 누릴 수 있는 최고의 행복은, 바로 타인과의 일치다. 교만한 인간은 타인과 자신을 분리함으로써, 이 행복을 자진해 파괴한다. 반면 겸손한 사람은 이 행복을 가로막는 모든 장애물을 내면에서 제거한다. 다시 말해, 겸손은 행복을 위한 필수 조건이다.

16, 한여름에 무더운 하루가 지나고 나면, 기분 좋은 비가 대지를 적신다. 자아도취라는 뜨거운 햇살이 지나간 후에도, 겸손함이 영혼을 식혀야 한다. 자신의 행동을 남과 비교할 때마다, 거만해질 때마다, 자기 개선과 행복의 길에 장애물이 하나둘씩 쌓인다는 것을 명심하라.

17, 스스로를 치켜세우지도, 깎아내리지도 마라. 스스로를 치켜세운다면, 사람들은 믿지 않을 것이다. 스스로를 깎아내린다면, 사람들은 네가 말한 것보다 한층 더 너를 나쁘게 여길 것이다. 그저 예의 바르게 행동하라. 그리고 너 자신에 대해서는 아무 말도 하지 마라. 이것이 좋은 관계를 유지할 수 있는 가장 좋은 방법이다.

26

사람은 사랑하기 위해 태어난 존재다

1. 사랑은 내적인 기쁨을 줄 뿐만 아니라, 세상을 즐겁게 살아가도록 만들어 준다. 사랑은 자신의 삶을 확장하는 것이다. 사랑이 크면 클수록 삶은 더 광대해지고, 더 아름다워지며, 더더욱 소중해진다.

2. 사람이 사는 것은 각자가 자신을 많이 생각하기 때문이 아니라, 사람들 안에 사랑이 있기 때문이다. 사람들은 각자가 스스로를 위하기 때문에 살아간다고 생각한다. 그러나 사람은 사랑하는 존재가 있기 때문에 사는 것이다. 만일 사랑이 없다면, 한 아이도 자라지 못하고, 한 사람도 살아남지 못할 것이다.

3. 지금 너에게 가장 중요한 일은, 너와 인연 맺은 이들을 사랑하는 것이다. 진정한 스승은 삶에서 가장 중요한 것이 '사랑'이라고 가르친다. 사랑은 인

간의 영혼 속에 산다. 타인 또한 자기 자신임을 깨닫는 것, 그것이 바로 사랑이다. 사람은 오직 사랑하기 위해 세상에 태어난 존재이며, 사람은 사랑의 힘으로 이 삶을 살아내는 것이다.

4, 시간이 흘러간다고들 말하지만, 움직이는 것은 시간이 아니라 우리 자신이다. 인생은 너무 짧다. 사랑하는 사람들에게 충분한 즐거움을 안겨주지도 못할 만큼 짧다. 그러니 어서 서둘러라. 네가 사랑하는 사람들에게 다정한 이야기를 아낌없이 들려주고, 친절한 행동을 베풀어라. 빨리 시작하면 할수록 후회는 적어지는 법이다.

5, 자신의 삶은 물론, 사랑하는 사람의 삶을 삶답게 만들기 위해 끊임없이 정성을 다하고, 마음을 다하는 것. 모든 인간의 삶 중에서, 이보다 아름다운 삶은 없다.

6, 남녀 간의 사랑에는, 언제나 그 사랑이 절정에 달하는 순간이 있다. 그 순간엔 의식도, 이성도, 감각도 모두 사라진다. 그 순간은 다른 모든 시간보다 훨씬 강렬한 인상을 남겨, 다른 기억 전체를 희미하게 만든다. 사랑이란 것, 참으로 신비롭지 않은가.

7, 어떤 인간이 같은 세상에 존재한다는 생각만으로 기뻐지는 사랑을 찾아보아라. 그런 사랑을 찾게 되면, 따사로운 햇살이라도 비친 듯 모든 일이

더 흥미진진하고, 더 신나고, 더 의미 있게 여겨진다. 한마디로 삶이 훨씬 즐겁게 된다. 완전히 색다른 세계가 펼쳐진다.

8, 사람은 사랑의 감정 안에 뭔가 특별한 능력, 즉 삶의 모든 모순을 해결하고, 인간에게 온전한 행복을 줄 수 있는 능력이 있음을 알고 있다. 인생이란 바로 그 온전한 행복을 추구하는 것으로 이루어진다. 그러나 "가끔 찾아드는 이 감정은 잠시만 지속될 뿐, 결국 더 좋지 않은 고통에 시달리게 되지 않는가."라고 말하는 이들이 있다. 이들은 삶을 이해하지 못하고 있는 것이다. 이들의 말을 믿지 말라. 사랑은 행복의 절대적인 조건이다.

9, 사랑만이 삶의 진정한 행복을 준다. 행복하고 싶다면, 지금 당장 사랑하라. 미래의 사랑이란 존재하지 않으며, 나중이란 없다. 사랑은 현재의 활동일 뿐이다. 지금 사랑을 드러내지 않는 사람은, 사랑이 없는 사람이다. 그리고 사랑이 없는 사람은 행복할 수 없다.

10, 사랑이 자신의 영혼을 가득 채우고, 자신과 분리할 수 없는 진정한 일부가 되었을 때. 자신이 사랑받고 있고, 또 사랑하고 있다는 것을 확신하고 있을 때. 그때야말로 인간은 지상에서 얻을 수 있는 최고의 행복을 맛보게 된다.

11, 참된 사랑은 생명 그 자체다. 사랑하지 않는 사람은 죽음 속에 있는 것

이다. 사랑하는 자만이 살아 있다. 말로나 혀끝으로만 사랑하지 말고, 행동과 진실함으로 사랑하라. 이런 사랑만이 사람에게 참된 생명을 준다. 식물의 생명이 빛에 달렸듯, 사람의 생명은 사랑에 달렸다.

12, 각 사람 인생의 절반은 고통 속에서 흘러간다고 하지만, 어떤 사람은 그 고통이 괴롭다고 인정하지 않으며, 알아채지도 못할 뿐 아니라, 행복으로 간주하기까지 한다. 그 이유는 그가 그 고통을, 오직 사랑하는 사람의 고통을 덜어 주려는 수단으로 생각하기 때문이다. 따라서 사람은 사랑이 덜하면 덜할수록 고통의 괴로움을 더 많이 겪고, 사랑이 많으면 많을수록 고통의 괴로움을 덜 겪게 된다.

13, 사랑은 인간을 자아에서 빠져나오도록 한다. 그래서 자아가 고통스러울 때면, 사랑이 그 고통에서 벗어나게 도와준다. 삶은 참으로 합리적이다. 삶의 모든 활동이 사랑으로 충만할 때, 사랑은 고통을 차단한다. 고통은 인간이 자신의 삶과 세계의 삶을 연결하는 사랑의 고리를 끊으려고 할 때 느끼는 아픔일 뿐이다.

14, 새는 날고, 물고기는 헤엄치며, 사람은 사랑해야 한다. 사랑하는 대신 서로에게 해만 입힌다면, 이것은 새가 헤엄치고, 물고기가 나는 괴상한 일이다. 서로의 삶을 더 낫게 만드는 데는 돈도, 충고도 필요 없다. 사랑이면 충분하다. 주변에 사랑을 가득히 수놓아라.

15, 악기 연주하는 법을 배우듯, 사랑하는 법도 배워야 한다. 사랑도 연습이다. 가까운 것부터 사랑하는 연습을 하라. 자신을, 가족을, 친구를, 이웃을… 다른 존재들을 진심으로 사랑할 수 있을 때 두려울 것도, 바랄 것도 없이 세상과 하나가 된다. 열매가 자라기 시작하면, 꽃잎은 떨어진다. 사랑을 통해 영혼이 자라기 시작하면, 인간의 약한 모습도 꽃잎처럼 모두 사라진다. 인간을 강하게 하는 것은 사랑이다.

16, 식물의 부드럽고 섬세한 뿌리는, 단단한 흙을 뚫고 바위까지 가른다. 사랑도 마찬가지다. 사랑을 억누를 수 있는 것은, 이 세상에 존재하지 않는다. 가장 많이 사랑하는 사람이 가장 강한 사람이다.

17, 육체는 정말이지 허약하고 보잘것없다. 결국엔 죽어 사라지는 존재다. 하지단 그 안에는 위대한 보물이 숨어 있다. 바로 사랑하는 마음이다. 사랑은 죽음을 물리치고, 인생에 의미를 부여하며, 불행을 행복으로 승화시킨다. 사랑은 신이 인간에게 준 가장 커다란 선물이다.

18, 진정한 삶은 사랑 안에서만 찾을 수 있다. 사랑하는 사람만 제대로 사는 것이다. 새로운 사랑은 나무의 새순과 같다. 처음엔 연약하지만, 햇살과 관심, 지적 능력을 받으며 자라나게 된다. 가능한 한 많은 사랑을 주며, 가능한 한 많이 사랑받기를. 거기에 삶이 있다.

19, 사랑이라는 습관에 빠져라. 삶은 더 큰 기쁨과 행복으로 가득 찰 것이다. 제대로 살기 시작하면 몇몇 사람들이 칭찬하든, 비난하든, 혹은 사랑해주길 그치든 아무 상관 없게 된다. 뭐가 어떻든 진정 선하고 친절한 이들은, 너를 무한히 사랑할 것이기 때문이다. 그런 이들에게 사랑받는 것이야말로 행복 중에서 최상의 행복이다.

20, 대가를 바라는 사랑은 사랑이 아니다. 사랑의 핵심은 주위 사람에게 축복을 베푸는 데 있다. 인간은 생각이 아닌, 사랑을 통해 살아간다. 세상에는 많은 선행이 있지만, 진정한 선행은 타인을 사랑하는 것, 그 하나뿐이다. 이유를 가진 사랑은 사랑이 아니다. 조건 없는 무한한 사랑만이 영원하다. 이런 사랑은 시간이 지나도 사라지긴커녕, 점점 커지기만 한다. 모든 행위 중 가장 완벽한 행위가 하나 있는데, 그것은 바로 대가를 구하지 않는 사랑이다.

21, 사랑이 주는 용기, 평화, 환희는 참으로 위대하다. 총명한 사람은 자신의 이익을 위해 사랑하는 것이 아니다. 사랑 그 자체에서 그런 것들과 행복을 발견하기 때문에 사랑한다.

22, 사랑하라. 더 많이 사랑할수록 더 큰 사랑을 받는다. 더 큰 사랑을 받을수록 더 쉽게 사람들을 사랑하게 된다. 그래서 사랑은 무한하다. 지구가 태양 없이 살 수 없듯, 인간은 사랑 없이 살 수 없다. 이기적으로 생을 보내지

마라. 타인에게 기꺼이 베푸는 사랑만큼 아름다운 것은 없다.

23, 진실로 행복해지는 데 필요한 것은 하나뿐이다. 다른 존재를 사랑하라. 자연이든, 사물이든, 사람이든, 진실한 마음으로 다양한 것을 사랑하라. 중단 없이 사랑하는 한, 중단 없이 행복할 것이다.

24, 중요한 것은 얼마나 오래 살았느냐가 아니다. 중요한 것은 얼마나 깊이 있게 살았느냐다. 행복은 후회 없는 만족을 말한다. 행복하게 살아라. 생의 마지막 날에 이르러서야, 진정한 삶을 살지 못했다고 깨닫지 않기를 진심으로 소원한다.

버트런드 러셀

Bertrand Russell, 1872~1970

영국의 철학자이자 저술가. 1872년 영국 웨일스의 귀족 가문에서 태어나 부모를 일찍 여의고, 할머니의 보살핌 속에서 성장했다. 러셀은 20세기 지식인 가운데 가장 다양한 분야에서 지속적으로 영향을 미쳤던 인물로, 철학, 수학, 과학, 역사, 교육, 윤리학, 사회학, 정치학 분야에 걸쳐 70여 권의 저서를 남겼다. 1950년에는 노벨 문학상을 수상하기도 했다. 대표작으로는 《행복의 정복》《게으름에 대한 찬양》《결혼과 도덕》 등이 있다. 왕성한 활동을 펼치다 1970년, 98세의 나이로 사망했다.

2장

버트런드 러셀

삶 과 죽 음

01

\

삶은 한없이 달콤한 것이다

1, 삶은 한없이 달콤한 것이며, 살아 있음은 뼈저리게 감사한 일이다. 사랑하는 사람의 얼굴을 보고, 목소리를 듣는 것. 비가 내린 뒤 젖은 대지의 상큼한 냄새. 따사로운 햇살과 청량하게 들리는 바람 소리. 창밖으로 보이는 아름다운 나무, 예쁜 꽃과 나비들. 만약 이 모든 것을 다시는 느낄 수 없게 된다면, 얼마나 끔찍할지 상상해본 적 있는가?

2, 단언컨대 인간은 모두 비슷하다. 자신에 대한 생각을 말끔하게 잊고, 대신 주위에 있는 낯선 이들의 존재를 차례차례 마음속에 들어앉게 해 보라. 그러면 그 한 사람 한 사람이 전부 저마다의 고민을 낀 채 살아가고 있다는 것을 알게 될 것이다. "나"만 그런 것이란 절대 존재하지 않는다.

3, 인생을 남녀 주인공이 엄청난 불행을 겪다가, 결국 그간의 모든 불행을

보상받는 로맨틱 드라마 정도로 생각해선 안 된다. 나는 내 삶을 살고, 내 자손은 내 뒤를 이어 삶을 살고, 그들의 자손은 또 뒤를 이어 산다. 이러한 과정을 비극으로 여길 만한 이유가 있는가?

4, 만약 인간이 영원히 살 수 있는 존재라면, 삶의 기쁨은 어쩔 수 없이 그 향기를 잃게 될 것이다. 하지만 인간은 영원히 살 수 없다. 그렇기에 삶의 기쁨은 언제까지나 신선함을 지닐 수 있다. 따라서 삶은 끝까지 살아볼 만한 가치가 있는 것이다.

5, 삶을 즐길 수 있는 확실한 비결이 한 가지 있다. 네가 진정으로 갈망하고 있는 게 무엇인지부터 정확하게 알아내라. 그다음엔 그것을 손에 넣기 위하, 열심히 최선을 다해 노력하라. 그리고 현실적으로 이룰 수 없는 것들에 대해선 깔끔하게 단념하라.

02

훌륭한 인생은 균형 잡힌 인생이다

1, 인생은 균형이 이루어져야 한다. 인생 전체를 달콤하고 유쾌하게 만들기란 불가능한 일이다. 삶은 항상 행복할 수 없다. 따라서 유쾌하지 않은 부분들에도, 바람직하며 적합한 어떤 태도를 보일 수 있어야 한다.

2, 의식적인 활동이 어떤 한 가지 목적으로만 모아질 때, 정신이 어느 한쪽으로만 쏠려 휴식이 부족해질 때, 대부분 인간은 신경 쇠약 증세를 동반하는 균형감의 결여를 보이게 마련이다. 훌륭한 인생이라면, 여러 가지 활동 간에 균형이 이루어져야 하며, 다른 활동이 불가능할 정도로 한 가지 활동에만 치우쳐서는 안 된다.

3, 자신에 대한 집착을 줄여라. 많은 사람이 자신의 죄와 어리석음, 결점 등에 대해 깊이 생각하는 버릇이 있다. 그러니 자신을 불행한 괴짜로 여기게

되는 것도 당연한 일. 여기서 벗어나려면, 자신과 자신의 결점을 대수롭지 않게 여기는 방법을 익혀야 한다.

4, 자신에게로만 쏠린 관심은, 어떤 적극적인 활동으로도 이어지기 힘들다. 지나칠 정도로 자기 자신에게 몰입하는 사람은 불행해진다. 그 대신 외부의 대상들, 세상 돌아가는 것, 여러 분야의 지식, 호감을 느끼는 사람들에 대해서 더욱 관심을 기울여 보라.

5, 물론 외부 대상에 관심을 기울이는 것 역시 나름대로 고통을 부를 순 있다. 하지만 이런 종류의 고통은 자신에 대한 혐오로 생기는 고통과는 달리, 삶의 본질적인 부분을 파괴하지 않는다. 외부에 대한 관심은, 어떤 활동을 할 마음과 열정을 끝없이 불러일으키기 때문이다.

6, 개인적인 것에만 한정된 생활은, 언젠가 견디기 어려울 만큼 고통스러운 일이 될 것이다. 보다 큰 우주를 향하여, 마음의 창을 활짝 열어야만 인생의 비극적인 단면을 이겨 나갈 수 있다.

03

인간은 고통받기 위해 태어나지 않았다

1, 인간은 고통받기 위해 태어난 존재가 아니다. 과거와 현재의 불행한 원인을 확인하는 것도 그리 어려운 일은 아니다. 사람의 내면을 심각한 불일치 상태로 이끌어, 외부의 온갖 번영을 무용하게 만들어 버리는 병적인 고통은, 바로 "비관적인 신념들"이 키우는 것이다.

2, 너를 대파국의 벼랑으로 몰아넣는 주범들이 있다. 바로 잔인함, 질투, 탐욕, 경쟁, 비합리적이며 주관적 확신에 매달리는 태도. 마지막으로 죽고 싶다는 생각 혹은 다른 사람의 죽음을 바라는 마음이다.

3, 지금 네가 스스로를 구원하는 데 필요한 것은 딱 한 가지다. 기쁨에 마음을 열고, 두려움은 과거의 흐릿한 어둠 속에서나 지껄이도록 내버려두는 것. 이제 너는 위를 올려다보며 말해야 한다. "나는 비참하지 않다. 나는 길

고도 험한 길을 걸어온 끝에, 지능을 발달시켜 장애물을 극복하는 법, 자유와 기쁨 속에 평화롭게 사는 법을 발견한 존재다."라고. 네가 슬픔이 아닌, 기쁨을 선택하면 이렇게 될 수 있다. 그렇게 하지 않을 경우, 영원한 울분이 너를 죽음 속에 매장시킬 것이다.

4, 자신의 세계에서 희망을 지켜 내려면, 지혜와 활력이 필요한 법이다. 희망을 잃고, 절망 속에 빠져 사는 사람들에게 흔히 부족한 것이 바로 이 지혜와 활력이다. 기운을 내야 하지 않겠는가? 세상과 삶에 대해 공부해야겠단 마음이 싹트지 않는가? 한 번 사는 인생, 잘 살아가 보고 싶지 않은가?

5, 세상사에 대해 무지한 사람은, 불필요한 불행을 수도 없이 감수해야 한다. 무지몽매함으론 어떤 문제도 해결할 수 없다. 오직 더 크고, 더 현명한 지성만이 보다 행복한 세계를 창조할 수 있다.

6, 이제는 절망에서 벗어나 올바른 길을 찾고자 한다면, 자신의 지성과 감정을 최대한 확대해야 한다. 자기 자신을 뛰어넘는 법을 배워야 하며, 그렇게 함으로써 우주를 자유롭게 이용할 수 있는 특권을 손에 넣어야 한다. 그리고 그 열쇠는 훌륭한 삶을 사는 데 있다.

7, 훌륭한 삶이란 사랑에 의해 고무되고, 지식에 의해 인도되는 삶이다. 지식과 사랑은 둘 다 무한히 확장될 수 있다. 그러므로 어떤 삶이 아무리 훌륭

하다 해도, 그보다 나은 삶은 얼마든지 가능하다. 지식 없는 사랑, 사랑 없는 지식은 훌륭한 삶을 만들어 낼 수 없다.

8. 훌륭한 삶을 결정하는 것은 너 자신이다. 네가 지금 선택만 한다면, 행복과 지식과 지혜 속에 계속해서 발전해 나갈 수 있는 길이 바로 앞에 놓여 있다. 새로운 낙원으로 향하는 길이 활짝 열려 있다. 너는 선택할 수 있다. 다시 한번 용기를 내 보지 않겠는가. 널 기다리고 있는, 저 푸른 낙원을 향해 다시 나아가 보지 않겠는가.

04

문제 해결은 서두른다고 되지 않는다

1, 문제의 해결은 서두른다고 되는 일이 아니다. 무의식 속에서 숙성시키는 기간이 필요하다. 어떤 문제의 씨앗을 무의식 속에 심은 뒤, 매우 강렬한 집중의 시간을 보내고 나면 땅 밑에서 싹이 튼다. 그러다 어느 한순간, 그 문제에 대한 해결책이 눈부실 정도로 명료하게 떠오른다.

2, 자신의 행동으로 인한 문제들은 스스로 숙고하여 해결해야 한다. 물론 타인의 지혜로부터 유익함을 얻으려는 노력은 좋다. 다만 자신이 보기에, 진정 현명하다고 생각되는 사람을 잘 골라야 한다. 그리고 그 사람이 말하는 것조차, 의문의 여지가 있다고 간주해야 한다. 어떤 권위도 절대적인 것으로 받아들이지 말라.

3, 어떠한 결정을 내리고, 의지력을 발휘하는 과정은 대단히 피곤한 일이

다. 이런 일을 서둘러 해야 할 경우엔 피로감이 더욱 심해진다. 따라서 중대한 결정을 내리기 전에, '하룻밤 자고 일어나서 판단해야겠다.'라고 생각하는 사람은 아주 현명한 셈이다. 조급해하지 마라. 조급함은 초조함을 일으키고, 초조한 상태에선 판단력이 흐려져 올바른 결정을 내릴 수 없다.

4, 일상 속에서 사소한 문제들이 생겼을 때, 도무지 참을성 있게 버티지 못하는 사람들이 너무 많다. 만일 이들이 사소한 문제에다 쏟는 정력을 조금만 더 현명하게 사용한다면, 제국을 세우고 다시 무너뜨릴 수도 있을 텐데.

5, 일상생활에서 일어나는 문제에 대한 고민은, 그 문제를 맞닥뜨려야 할 시점을 제외하면 털어 버릴 수 있는 것이다. 한시도 쉬지 않고 고민하는 것보다, 꼭 필요할 때만 적당히 고민하는 침착한 태도를 갖춘다면, 행복과 능률을 엄청나게 증진시킬 수 있다.

05

절대로 죽음을 무시하지 마라

1, 죽음에 대해 전혀 준비되어 있지 않은 사람이, 갑자기 가까운 사람의 죽음을 접하게 되면, 심각한 균형감의 상실을 초래할 확률이 굉장히 높다. 그러므로 인간은 절대 죽음을 무시해서는 안 된다. 죽음에 대한 어떤 태도를 확립하고자, 일찍부터 노력해야 한다.

2, 사람은 언제라도 자신이 살아가는 데 중요한 인물이 있고, 그는 죽는다. 그렇기에 그의 죽음이, 이 세상에서 자신을 흥미롭게 만드는 모든 걸 끝장내는 일은 아니라고 느낄 수 있어야 한다. 어른으로 살아가면서 진정 이러한 마음의 자세를 유지할 수 있으려면, 젊을 때일수록 아낌없이 열정을 불태우며, 자신의 인생을 걸 만한 직업을 가지는 일이 반드시 필요하다.

3, 죽음은 불시에 찾아와 사랑하는 이들을 쓰러뜨릴 수 있다. 네가 사랑하

는 모든 대상은, 죽음의 처분을 기다릴 수밖에 없는 처지다. 그러므로 결코 인생의 폭을 협소하게 제한해선 안 된다. 폭이 협소할수록, 우연한 사건이 인생의 모든 의미와 목적을 마음대로 주무를 것이다.

인간이 자유롭고 고상하게 사는 것을 막는
가장 큰 것은 바로 '소유에 대한 집착'이다.

자기 내부의 격정들을 제압하게 되는 날,
그때가 되면 마침내 자유를 얻을 것이다.

_____

_____

_____

_____

_____

_____

_____

행복과 불행

06

\

외부 세계야말로 행복의 유일한 기회다

1, 이 세상이야말로 너의 생존을 지탱하고 있는 토대이며, 너에게 행복한 생활을 가져다줄 수 있는 유일무이한 기회다. 그러므로 외부 세계에 대해 열정과 관심을 두루 가지고, 세상과 적극적으로 교류하면서, 너 자신만의 행복을 씩씩하게 찾아 나가야 한다.

2, 열정과 관심을 자기 내부가 아닌, 바깥 세계에 쏟는 것만으로 행복을 성취할 수 있다. 배움을 통해, 자신을 세계에 적응시키기 위한 갖가지 시도를 통해, 감정적으로 자신에게 몰두하는 것을 피하라. 자신에게만 집중하는 걸 막을 수 있도록, 애정의 대상과 관심거리를 찾기 위해 끊임없이 노력해야 한다.

3, 대부분의 사람이 행복에 도달하기 위해선, 작든 크든 자신의 노력을 통

해 무조건 성취감을 느껴야 한다. 또한 현명하게 행복을 추구하고자 하는 사람은, 자신의 인생을 구축해 나가는 핵심적인 관심사 외에도, 여러 가지 부차적인 관심사를 갖기 위해 마땅히 노력해야 한다.

4, 자기 자신 외에 다른 관심사가 전혀 없는 사람은 훌륭한 사람이 아니며, 다른 사람들에게 훌륭하다는 느낌도 줄 수 없다. 세상 사람들에게 인정받고, 칭찬받는 데만 관심 있는 사람도 자신의 목적을 이루기 어렵다. 설령 목적을 달성한다고 하더라도, 완전한 행복이란 없다.

5, 자기 안에 갇혀 지내지 마라. 자아를 철벽 속에 가두어 놓아서 더 이상 확대할 수 없는 사람은, 설사 직업적으로 성공한다고 해도 인생이 베푸는 최고의 행복은 놓치기 마련이다. 세상을 완전히 즐기려는 사람은, 지나치게 강한 자아라는 이름의 감옥에서 빨리 벗어나 외부 세계로 눈을 돌려야 한다.

6, 행복의 원리는 간단하다. 자아에 몰입하는 것을 최소화하라. 대신 광활한 세계 속으로 뛰어들어라. 그리고 거기서 생기는 불안에 속지 마라. 불안 때문에 자신을 학대하지 않는다면, 괴로움은 줄고, 삶은 훨씬 즐거워질 것이다.

07

네 마음속 깊은 곳의 본능을 좇아라

1, 행복한 사람은 자신이 우주를 구성하고 있는 한 성원임을 자각하고, 우주가 베푸는 아름다운 광경과 기쁨을 있는 그대로 누린다. 자기 마음속 깊은 곳의 본능을 좇아서, 강물처럼 흘러가는 삶에 몸을 맡길 때, 비로소 가장 큰 행복을 발견할 수 있다.

2, 행복의 필수 조건은 우연히 이웃이 되었거나, 알고 지내게 된 사람들이 지닌 비본질적인 취미나 욕망에 견주어, 자신의 생활 방식을 확립하는 게 아니다. 자신의 마음 깊은 곳에서 우러나오는 충동으로부터 비롯된 생활 방식을 확립하는 것이다. 즉, 본성에 따라 살아야 한다.

3, 어떤 때는 이것이 옳다고 믿다가, 다른 때는 저것이 옳다고 믿는 식으로 기분에 따라 다른 태도를 보이지 말라. 어떤 상황에 처하더라도, 원기를 잃

지 않은 순간에 건전한 이성이 판단을 내렸던 신중한 확신을, 자기 인생의 규범으로 삼고 살아가야 한다.

4, 젊을 때일수록 되도록 빨리, 되도록 여러 가지 방법을 통해 독립적으로 살아가는 방법을 배워야 한다. 이때 지나치게 조심하는 것보다는, 순수한 마음을 가지는 편이 좋다. 그저 마음 가는 대로 용기 있게 따라가다 보면, 틀림없이 올바른 길을 찾게 될 것이다.

5, 젊은 시기는 그야말로 관용의 시기다. 얼마든지 넘어져도 괜찮은 때다. 그러므로 그 시기를 최대한 활용해 많은 일을 시도하고, 다양한 것을 경험하며 관대한 습관들을 형성해 둬야 한다. 지레 겁먹을 것 없다. 모든 도전은 빠짐없이 삶의 양분이 되고, 지혜로 남는다.

6, 외부적인 명령이 아니라, 오직 자신의 마음속에서 자신만의 목적을 발견해야 한다. 그리고 자기 자신을 전적으로 믿은 채, 흔들림 없이 그 길을 걸어가야 한다. 그것만이 자신의 삶이 될 수 있다.

08

근본적인 행복은 따뜻한 관심에 있다

1, 근본적인 행복은 무엇보다 인간과 사물에 대한 따뜻한 관심에서 비롯된다. 인간에 대한 따뜻한 관심은 사랑의 일종이다. 이 사랑은 다른 사람을 지배하고 소유하길 원하며, 언제나 명확한 반응이 되돌아오길 바라는 사랑과는 다르다. 이런 사랑은 불행의 원천이다.

2, 행복을 가져오는 사랑은 타인을 관찰하길 좋아하며, 개인들의 특성 속에서 기쁨을 느끼는 사랑이다. 만나는 사람을 지배하려 하거나, 열광적 찬사를 받아 내려는 게 아닌, 그들의 관심과 기쁨의 폭을 넓혀 주려고 하는 사랑이다. 이런 태도로 다른 사람을 대하는 이는, 사람들에게 행복을 주는 원천이 될 것이며, 그 대가로 친절을 돌려받게 된다.

3, 중요한 관계든, 사소한 관계든, 이런 사람이 타인과 맺는 관계는 그 자신

의 흥미와 사랑을 만족시킨다. 그는 호의를 받고도 감사할 줄 모르는 이들 때문에 괴로워하지 않는다. 그것을 의식하지 않기 때문이다. 이런 사람에 겐 남의 신경을 거슬러 격분을 불러일으키는 행동을 하는, 이상한 인물조 차도 점잖은 재밋거리일 뿐이다. 이런 사람은 다른 사람들 같으면 오랫동 안 애를 써도 손에 넣지 못할 성과를, 굳이 애쓰지 않고도 충분히 달성한다.

4, 이런 사람은 자신이 행복하기에 옆 사람에게도 즐거움을 주며, 그것은 다시 자신의 행복감을 증대시킨다. 그러나 중요한 건, 이런 모든 일은 진심 에서 우러나와야 한다는 것이다. 만약 이런 일들이 의무감이나 자신을 희 생한다는 생각에서 비롯된 것이라면, 아무 쓸모가 없어진다.

5, 의무감은 업무에선 유용하지만, 인간관계에선 불쾌감을 일으킨다. 사람 들은 상대가 인내심을 갖고 자신을 참아 주는 게 아니라, 좋아해 주길 원한 다. 그래서 애쓰지 않고도 자연스레 여러 사람을 좋아하는 것은, 개인이 행 복을 누릴 수 있는 가장 큰 원천이라고도 할 수 있다.

6, 사람뿐 아니라, 사물에 대해서도 따뜻한 관심을 가지는 게 좋다. 지질학 자가 바위에 대해 느끼는 관심이나, 고고학자가 옛 유적에 대해 느끼는 관 심에는, 우정이나 사랑과 비슷한 요소가 있다. 이런 관심은, 다른 사람들이 나 사회에 대한 태도에 있어 굉장히 중요하다.

7, 동료인 인간에 대해 가지는 따뜻한 관심은, 행복한 일상을 만드는 데 정말로 핵심적인 역할을 한다. 비인격적인 사물에 대한 관심 또한, 인간에 대한 관심에 비하면 그 비중이 작기는 하지만, 대단히 중요한 것이다.

8, 어떤 사물에 대한 순수한 관심을 통해, 자신의 근심을 잊어버릴 수 있는 사람은, 비인격적인 세계로 나들이를 하고 돌아오는 순간, 침착성과 평안함을 느끼며, 자신의 걱정거리를 가장 잘 처리할 수 있는 능력을 얻게 되었다는 사실에 깜짝 놀라게 될 것이다.

9, 우연히 손에 넣은 물건일지라도, 거기에 지대한 관심과 호기심을 가지는 사람의 인생은 결코 지루하지 않다. 어느 것 하나라도 그 사람의 관심을 끄는 게 있다면, 그게 바로 재밌는 것이다. 다른 조건이 모두 비슷할 경우, 어느 것 하나에라도 관심을 가지고 있는 사람은, 어떤 것에도 관심 없는 사람에 비해 훨씬 더 성공적으로 세상에 적응할 수 있다.

10, 마음은 자신에게 공급되는 원료를, 아주 놀라울 정도로 잘 혼합할 수 있는 신비한 기계다. 하지만 외부 세계로부터 원료가 공급되지 않으면, 마음은 아무것도 할 수 없다. 또한 마음은 기계와 달리 스스로 원료를 손에 넣어야 한다. 무수히 많은 사건은, 관심을 기울일 때만 비로소 경험이 된다. 자신의 관심이 들어가지 않은 사건들 가지곤 아무것도 만들어 낼 수 없다.

11, 행복한 사람은 자유로운 애정과 폭넓은 관심을 가진 채, 객관적으로 살아가는 사람이다. 그는 이런 애정과 관심을 통해서, 또한 이런 애정과 관심을 베풀면, 자기 자신도 다른 사람들의 애정과 관심의 대상이 된다는 사실을 통해서, 자신의 행복을 확고히 해 나간다.

12, 가장 효과적인 행복의 비결은 되도록 폭넓은 관심을 가지는 것. 그리고 관심을 끄는 사물이나 사람들에게 적대적인 반응을 보이는 것이 아니라, 되도록 따뜻한 반응을 보이는 것이다.

13, 관심 분야가 많은 사람일수록, 행복해질 기회는 그만큼 많아진다. 불행의 여신의 손에 휘둘릴 기회는 그만큼 줄어든다. 어떤 한 가지를 잃게 된다 해도, 또 다른 것에 의지할 수 있기 때문이다. 그래서 이런 사람은 절망에 바지는 일이 거의 없다.

14, 인생이 모든 것에 대해 관심 가질 수 있을 만큼 길지는 않다. 하지만 죽는 그 날까지 인생을 채워 줄 수 있는, 다양한 대상에 관심을 가지는 것은 바람직한 일이다. 자신 앞에 펼쳐진 세계의 여러 가지 볼거리에서 눈을 돌려, 공허한 자신의 내면만을 바라보지 마라.

09

불행을 극복하는 삶의 기술

1, 행복은 무르익은 과일처럼, 운 좋게 입 안으로 들어오는 게 아니다. 이 세상은 피할 수 없는 재난, 병, 갈등, 투쟁, 악의 등으로 가득하다. 이러한 세상에서 행복을 원하는 사람은, 개개인을 둘러싸고 있는 수많은 불행의 원인을 다룰 방법을 스스로 찾아내야 한다.

2, 자신이 불행한 이유가 기구한 운명 때문이라고 말하는 이들은, 마차를 말 앞에 세우고 있는 꼴이다. 사실 그들은 자신이 불행한 이유에 대해 제대로 깨닫지 못하고 있는 것이다. 또한 불행하기 때문에, 세상의 불쾌한 특징들에만 유난히 집착하고 있을 뿐이다.

3, 사람들이 흔히 겪는 일상적 불행은, 대부분 세계에 대한 그릇된 견해, 잘못된 윤리와 생활 습관에서 비롯되는 것이다. 이런 요인들은 행복이 근본

적으로 의존하기 마련인 자연스러운 열정과 욕구를 짓뭉개 버린다. 하지만 이런 불행은 자신의 힘으로 얼마든지 좌우할 수 있다.

4, 불행의 심리적 원인은 다양하지만, 모두 공통점이 있다. 전형적인 형태의 불행한 인간은, 어린 시절 정상적인 만족을 누리지 못한 경험을 가지고 있다는 것이다. 그래서 그는 어느 한 가지 만족을, 다른 만족들보다 지나치게 소중히 여긴다. 자신이 이룬 성과에 대해서도 과소평가하며, 인생을 외골수로 몰아간다. 따라서 행복에 다가가려면, 무엇보다도 어린 시절에 가졌던 신념과 상처, 채워지지 못한 사랑의 욕구, 애정의 폭압으로부터 벗어나는 일이 최우선시되어야 한다.

5, 잊지 마라. 너는 이제 어엿한 어른이다. 이성과 어린 시절의 우둔함 사이에서, 우물쭈물 방황하는 인간이 되어선 안 된다. 너의 어린 시절을 지배했던 사람이 안겨준 기억에 대해 불손하게 구는 것을 겁내지 마라. 그때는 네가 약하고 무지했기에, 그가 힘이 세며 현명하다고 여길 수밖에 없던 것이다. 더 이상 너는 약하지도, 무지하지도 않다. 지금 네가 해야 할 일은, 그가 가진 외견상의 힘과 지혜를 신중히 검토해, 네가 그에게 표하는 존경심이 그에게 정말 합당한 것인지, 다시 판단해 보는 일이다.

6, 불행이 위협해 올 때, 그 상황에 대처하는 방법은 두 가지가 있다. 불행을 피하려는 태도와 과감히 맞서려는 태도다. 비겁하지 않다면 전자도 좋

은 방법이다. 그러나 두려움의 노예가 될 마음이 없는 사람에게는 후자가 필요할 것이다.

7, 심각하지 않은 불행이 닥쳤을 때, 기상천외한 비유와 비교를 동원해 위안을 찾는 방법은 무궁무진하다. 사람은 누구나 마음속에 자화상을 가지고 있다. 그 자화상을 더럽힌다고 생각되는 일이 일어나면 속이 상한다. 이런 경우 가장 좋은 방법은, 자화상을 하나만 가지고 있는 게 아니라, 여러 자화상으로 가득한 화랑을 통째로 지니고 있다가, 문제 상황에 맞는 그림을 하나 골라내는 것이다.

8, 그 화랑에 우스꽝스러운 작품을 몇 점쯤 걸어 두면 더욱 좋다. 굉장한 비극의 주인공으로 그려진 자화상을, 온종일 들여다보고 있는 것은 어리석다. 그렇다고 매일 희극에 등장하는 광대 모습의 자화상만 들여다보라는 얘기도 아니다. 그러다간 짜증이 더 솟구친다.

9, 문제 상황에 맞는 역할을 잘 선택하려면, 약간의 요령과 연습이 필요할 것이다. 물론 자신을 완전히 망각하여, 어떤 역할도 선택할 필요가 없다면 제일 장한 일이다. 하지만 어떤 고정된 역할을 맡는 게 몸에 배었다면, 일부러 몇 가지 역할을 번갈아 연기하며 단조로움을 피하도록 하라.

10, 사람을 불행의 자석으로 만드는 게 있다. 바로 '냉소주의'다. 이는 안

락감과 무력감의 결합에서 생긴다. 무력감은 모든 일에 대해 가치를 느끼지 못 하게 한다. 안락감은 이때 느끼는 고통을 별거 아닌 것으로 만든다. 냉소주의에 빠지지 않으려면, 안전지대에서 벗어나야 한다. 인간은 안전한 자신의 영토 안에서 점점 더 사소해지고, 교만해지며, 약간씩 미쳐 가기 때문이다.

11, 자신만의 철학을 가져 보라. 자신만의 철학을 가지고 있는 사람이, 불행 속에서도 광적인 공황 상태에 빠지지 않고 절제된 인내심을 키우는 일은, 그가 철학을 가지고 있지 않았을 때보다 더 쉽다.

12, 자신의 삶에 뚜렷한 철학을 가지고 있는 사람은, 장차 닥칠지도 모를 재앙에 대한 걱정에서 생기는 당혹스러운 절망감과 공포로부터, 어떤 철학도 없는 이들에 비해 훨씬 자유로울 수 있다.

13, 모든 불행은 의지와 지성의 상호 작용 과정을 거쳐야만 극복할 수 있다. 의지엔 악을 피하고, 비현실적인 해결책을 받아들이지 않는 자세가 포함된다. 지성엔 그 불행을 이해하고, 치유가 가능하다면 치유책을 찾고, 불가능하다면 불가피한 것으로 받아들이되, 그것을 벗어난 다른 영역, 다른 시대엔 무엇이 놓여 있나를 살펴봄으로써, 그 불행을 참고 살 만한 것으로 만드는 일이 포함된다.

14, 어떤 불행이 닥쳐오거든, 진지하고 신중한 태도로 앞으로 일어날 수 있는 최악의 경우를 생각해 보라. 그러고 나서 그 불행이 그렇게까지 끔찍한 것은 아니라고 여길 수 있을 만한, 적절한 이유를 자신에게 제시해 보라. 그럴 만한 이유는 언제나 있다. 아무리 최악의 상황이라고 해도, 자신에게 우주적 중요성을 가지는 일은 결코 일어나지 않는다.

15, 그리고 얼마간 그 최악의 가능성을 응시하며, 강한 확신을 갖고 "좋아! 그까짓 것 별문제 아닐 거야."라고 말하라. 걱정이 엄청나게 주는 것을 알게 될 것이다. 이런 과정을 서너 번 되풀이해야 할지도 모른다. 하지만 결국 최악의 사태를 직시하면서도 전혀 거리낌을 느끼지 않게 되면, 걱정은 말끔히 사라지고 대신 일종의 쾌감을 맛보게 될 것이다.

16, 불행의 원인이 너의 환경 속, 마음속에 있다면, 그것과 맞서 싸우는 게 두려워 외면하거나, 미리 체념하여 무릎 꿇어선 안 된다. 너를 괴롭히는 불행의 정체를 정확히 분석해 낸다면, "그까짓 것 별문제도 아니군."이라고 자신 있게 말하며, 용감히 대처할 수 있다.

17, 너에게 닥친 불행으로부터 최대의 고통을 끌어내려는 건, 감상주의적 태도일 뿐이다. 너는 고통으로부터 탈출하기 위해 최선을 다해야 하며, 해악이 없고 품위를 해치지 않는다는 전제만 충족된다면, 아주 하찮은 것이라도 좋으니 반드시 기분 전환 거리를 찾아야 한다.

18, 올바른 기분 전환 방법은, 사고 작용을 파괴하는 게 아니다. 사고를 새로운 방향으로 돌리거나, 적어도 현재의 불행과 거리가 먼 곳으로 떨어뜨리는 것이다. 불행이 닥쳤을 때 그 불행을 제대로 극복하기 위해선, 평소에 폭넓은 관심사를 길러 두는 것이 현명하다. 그럼으로써 현재 상황을 견디기 어렵게 하는 생각과 감정이 아닌, 다른 생각과 감정을 제공받아 평온한 마음을 유지할 수 있도록 미리 만들어 놓아야 한다.

19, 사람은 사사롭지 않은 많은 관심사가 있어야 하며, 자기 외부의 목적을 위해 사는 삶이 존재한다는 것을 알아야 한다. 불행이 닥쳤을 때, 아직 살아야 할 이유가 있다는 걸 기억함으로써 그 불행을 견뎌 내야 한다. 그러나 일어나지도 않은 불행에 깊이 파고들지는 말라. 설령 그것이 불행에 맞설 준비를 하기 위함일지라도.

10

행복에 가까워질 수 있는 최고의 방법

1, "나의 어떤 점이 행복으로 가는 길을 방해하고 있는가?" 이런 물음을 자신에게 자주 던지는 사람일수록, 행복해질 가능성이 월등히 높아진다. 자기 자신을 직시하는 진정한 용기야말로, 그 어떤 정신 수양이나 기다림보다 행복에 가까워질 수 있는 최고의 방법이기 때문이다.

2, 자신의 진실한 모습을 직시하는 용기를 가져라. 속이지 말라. 날이 갈수록 믿기 어려운 사실을 믿기 위해 쉬지 않고 노력하는 것만큼, 사람을 지치게 하고 부아를 돋는 일이 없다. 이런 노력을 하지 않는 것이야말로 지속적, 안정적인 행복을 누리기 위한 필수 조건의 하나다.

3, 자기기만에 기초한 만족은 결코 확고하지 못하다. 그러므로 자신에 대한 진실이 아무리 불쾌한 것일지라도, 단호하게 그것을 직시해야 한다. 그

것에 익숙해지고, 그 진실에 입각하여 자신의 삶을 구축해 나가는 것이 바람직한 일이다. 자신을 똑바로 보고, 자신에게 솔직해져라.

4, 적어도 하루에 한 가지씩, 자신에 대한 고통스러운 진실을 인정하라. 도덕성이나 지성에서 친구들을 앞서든 못 앞서든 상관없이, 인생을 살 만한 보람이 있다고 느끼도록 자신을 훈련시켜라. 이 훈련을 계속하면, 두려움 없이도 진실을 인정할 수 있는 능력을 얻게 된다. 그것을 통해, 매우 광범위한 분야에 권력을 행사해 왔던 두려움의 지배로부터 벗어나 행복해질 수 있다.

5, 행복한 사람이 되려면 반드시 우선시해야 하는 몇 가지 특성이 있다. 타인을 향한 연민과, 행복에 대한 소망이 필요하다. 지식에 대한 과도한 욕구와 우스꽝스러운 신화, 가설, 주장들을 피하려는 결단이 필요하다. 그리고 과감한 희망과, 창조적이며 건설적인 충동이 필요하다.

6, 비열하고 추잡한 행동을 한다거나. 이기적인 마음을 가지고 산다거나, 사소한 일이나 불운에 안달하거나, 자신에게 닥쳐올 운명을 두려워하는 사람은 절대로, 절대로 행복할 수 없다.

7, "체념"은 행복을 쟁취하는 데 꼭 필요한 것이다. 체념이 담당하는 역할은, 노력이 담당하는 역할 못지않게 중요하다. 현명한 사람은 막을 수 있

는 불행은 감수하지 않는다. 피할 수 없는 불행을 만나도, 시간과 감정을 낭비하지 않는다.

8, 피할 수 있는 불행이긴 하지만, 그렇게 하기 위해 들여야 하는 시간이나 노력이, 보다 중요한 목적을 추구하는 데 방해가 된다면 그 불행은 감수한다. 모두 다 가질 수 없다. 인간적 한계를 인정하라. 어떤 것을 체념하고, 어떤 것을 추구할지 잘 선택해야 할 뿐. 결국 행복은 갖고 싶은 것을 갖지 못한 채 지낼 수 있는 능력이다.

9, 인간의 능력은 제한돼 있다. 만일 인간의 행복이 개인적 환경과 밀접한 관계가 있다면, 그 환경에서 인생이 제공할 수 있는 최대의 행복보다 더 많이 요구해선 안 될 것이다. 지나치게 많은 것을 요구하는 것이야말로, 얻을 수 있는 것보다 훨씬 적은 것을 얻게 되는 가장 확실한 방법이다.

10, 만약 어떤 인간이 막대한 유산 덕분에, 아무런 노력을 기울이지 않고도 온갖 변덕을 만족시킬 수 있게 된다면, 아무 노력 없이 산다는 사실 자체가 행복의 본질적 요소를 앗아가 버린다. 즉, 원하는 것 중 일부 부족한 상태가 행복의 필수 조건이다.

11, 이 세상에서의 삶을 행복하게 영위하기 위해선, 반드시 다음과 같은 마음가짐을 갖춰야 한다. 그것은 바로 자신은 곧 인생의 막을 내릴 고립된 개

체가 아니라, 최초의 세포로부터 멀고 먼 미지의 미래로 이어지는 생명 흐름의 한 부분이라고 생각하는 마음가짐이다.

12, 인생을 전체적인 관점에서 바라보라. 이는 인간이 갖추어야 할 지혜와 참된 도덕의 근간이며, 교육을 통해 길러야 할 덕목 중 하나다. 인생을 전체적인 관점에서 바라보는 태도를 지닌 사람은 훨씬 빨리, 더 쉽게 행복에 도달할 수 있다. 이런 사람은 자신이 만족감과 자부심을 느낄 수 있는 환경을, 자기 힘으로 서서히 구축해 나가기 때문이다.

13, 착각하지 말라. 일시적 열광이나 취미는 근본적인 행복의 원천이 아니다. 그것은 대부분의 경우, 현실 도피 수단에 불과하다. 현실 도피 수단이라고 말한 것은, 이겨 내기 힘든 고통이 다가오는 순간을 잊기 위한 임시방편일 뿐이란 의미다. 이런 것이 보통 중독이 되고, 불행으로 발전한다.

14, 정신이 최고로 활발하게 움직이는 순간에, 인간은 가장 강렬한 기쁨을 느끼게 된다. 자신의 능력을 충분히 발휘하고, 자신이 몸담고 있는 세상을 있는 그대로 인식하며 느끼는 행복이야말로, 진정한 충족감을 주는 행복이다. 뭔가에 도취해야만 느낄 수 있는 행복은 거짓된 행복이며, 결코 충족감을 즐 수 없는 행복이다.

15, 선량하게 살아라. 세상이 가장 필요로 하는 자질은 바로 "선한 마음"이

다. 그렇기에 이 세상에선 선한 사람이 잘될 수밖에 없다. 그리고 이는 결코 바쁜 삶, 힘들게 분투하는 삶에서 나오지 않는다. 내면의 편안함과 안정됨, 여유 있는 삶 속에서만 나올 수 있다.

16, 안정감을 가지고 삶에 임해야 한다. 그런 사람은, 불안감을 가지고 삶에 임하는 사람에 비해 훨씬 행복하다. 안정감은 그 자체만으로, 안정감이 없었다면 굴복하고 말았을 위험에서 벗어나도록 도와준다. 높은 계곡에 걸린 좁은 외나무다리를 건너는 사람이 겁을 먹으면, 겁을 먹지 않았을 때보다 떨어질 확률이 더 높은 것처럼.

17, 행복은 기다린다고 오지 않는다. 행복은 내세의 약속된 땅도 아니며, 어떤 요행으로 얻어지는 운도 아니다. 행복은 노력을 통해 쟁취하는 것이다. 인간으로서 할 수 있는 한 알고 싶은 것을 배우고, 마음을 다스리며, 자신에게 최고의 기쁨을 가져다줄 수 있는 재능과 능력을 연마해야 한다. 노력 없는 인간의 삶은 행복할 수 없다.

행복해지는 가장 확실한 길은,
생각을 바꾸는 것이다.

만약 지금 다른 사람의 불행보다
자신의 행복을 소망하는 사람이 더 많다면,
몇 년 안에 이 세상은 낙원이 될 것이다.

_____

_____

_____

_____

_____

_____

일과 성공

11

네가 사랑할 수 있는 일을 선택하라

1. 진정으로 하고 싶은 일을 하라. 자신을 억지로 달래 가며 하기 싫은 일을 마지못해 계속한다면, 그 사람은 냉소적인 태도를 가지게 된다. 결국엔 어떤 일을 하더라도, 더 이상 뿌듯함이나 만족감을 느끼지 못하는 지경에 이를 것이다.

2. 행복하게 살고 있는 이들은 감정적으로 단순하며, 자신의 일을 통해 얻는 만족감이 대단히 크다. 그들은 자신의 일을 정말로 사랑하기 때문이다. 그렇기에 자기 일에서 행복을 느끼는 동시에, 자신이 특별한 능력을 발휘할 수 없는 영역엔 발을 들일 엄두도 내지 않는다. 이들처럼, 진심으로 사랑할 수 있는 일에 몸담아야 한다.

3. 단순히 보수가 더 많다는 이유로, 노력할 만한 가치가 없는 일을 선택한

사람이 있다면, 어떻게 사는 게 진정 행복한 것인가의 관점에서 깊이 따져 볼 필요가 있다. 자부심이 없는 사람은 진정한 행복을 누릴 수 없으며, 자기 일을 부끄럽게 여기는 사람은 자부심을 가질 수 없다.

4, 일단 사리분별을 할 수 있는 나이가 되면, 나이가 많든 적든 똑같이 스스로 결정할 권리, 필요하다면 시행착오를 겪을 권리가 있다. 어떤 중요한 문제에 부딪혔을 때, 나이가 많은 사람의 압력에 그냥 굴복하고 마는 젊은 이는, 분별력이 떨어지는 사람이다.

5, 부모가 주장하는 바를, 네가 정말 원하는 일에 발을 들이지 말아야 할 이유로 삼아서는 안 된다. 부모가 뭐라고 주장하든 괘념치 마라. 네가 원하는 바를 그냥 대담히 실행에 옮긴다면, 부모는 양보할 것이다. 그것도 생각했던 것보다 훨씬 더 빠른 시간 안에 양보할 것이다.

6, 겉으론 관례에 순응하며, 예민한 문제는 피해 가지만, 대중과 마음이 통하지 않으니 편치 않고, 따라서 호전적 태도를 취하게 되는 사람. 자기가 속한 사회의 관습에 적응하지 못하는 사람은, 자연히 신경과민이 되고, 기분이 언짢고, 익살 부리지 못하는 경향이 많다.

7, 이런 사람은 자신의 견해를 별종 취급하지 않는 곳으로 옮겨가면, 완전히 성격이 달라진 사람처럼 보일 것이다. 수줍어하며 소심하게 굴던 태도

는 사라지고, 명랑하고 자신만만한 태도가 나타날 것이다. 까다롭게 굴던 태도는 사라지고, 상냥하고 느긋한 태도가 나타날 것이다. 자기중심적 태도는 사라지고, 사교적이며 외향적인 태도가 나타날 것이다.

8. 그러므로 주위 사람과 사이좋게 지내는 일이 어려운 사람은, 직업을 선택할 때 신중해야 한다. 마음 맞는 사람들과 어울릴 기회를 잡을 수 있을 만한 직업을 고르기 위해 노력해야 한다. 이것은 수입에서 상당한 손실을 보게 되더라도, 반드시 고려해야 할 중대한 사항이다.

12

현명하게 일하며 사는 기술

1, 육체적 피로는 지나치지만 않다면, 행복을 느끼게 하는 원인이 된다. 깊은 잠과 알맞은 식욕을 불러오고, 휴일에 즐길 수 있는 즐거움에 대한 열의를 북돋기 때문이다. 그러나 지나치면 아주 심각한 불행을 가져온다. 일정 한계를 넘어선 육체노동은 무서운 고통이다.

2, 도덕은 어느 정도 이타주의를 강조하지만, 인간의 본성으로 보아 이타주의는 거의 불가능하다. 가장 고상한 사람의 행동도 거의 대부분 이기적인 동기에서 나온 것이다. 이것을 유감스럽게 생각할 필요는 없다. 만약 남들을 먹이는 데만 시간을 쓰고, 자신을 먹일 생각은 하지 않는 사람이 있다면, 그 사람은 곧 죽고 말 테니까.

3, 다시 말해, 자신의 일에 있어서만큼은 이기적이어도 괜찮다는 뜻이다.

무슨 일을 하든지, 확실한 열정의 도움이 있을 때만 그 일이 제대로 이루어진다. 그리고 이기적인 동기 없이는, 어떤 열정도 생기지 않는 법이다. 개인적인 야망이 완전히 부재하다면, 누구도 자신의 목표를 달성할 활동력을 발휘할 수 없을 것이다.

4, 일이 뜻대로 안 될 때마다 안달하고 화내며, 유용하게 사용할 수 있는 정력을 낭비하는 사람이 많다. 진정 중요한 목적을 추구하고 있다 할지라도, 감정적으로 너무 몰두해 실패하진 않을까 하는 생각이, 마음의 평화를 끊임없이 갉아먹게 두는 건 현명하지 못하다.

5, 실제적인 일을 하는 데 투입하는 감정의 양과, 일의 능률은 결코 비례하지 않는다. 실제로는 감정이 능률적으로 일하는 데 오히려 방해가 된다. 일을 할 때 꼭 필요한 태도는, 할 수 있는 모든 최선을 다하되, 그에 따른 결과는 운명에 맡기는 태도다.

6, 만약 자신이 하는 일이 참으로 열중할 만한 일이라면, 거기서 생기는 부차적 고통은, 궂은 날씨를 만난 것 같이 사소한 불편쯤으로 여겨야 한다. 갑자기 비가 오는 것을 가지고 혼자 안달복달해 봐야 아무 소용 없다. 쓸데없이 불평하여 하루의 기분을 망치지 말라.

7, 일의 의미를 확대해 보라. 개인적인 희망이 꺾이는 일이 수천, 수만 번

되풀이된다고 할지라도, 만일 그 개인적 희망이 인류를 위한 보다 원대한 희망의 일부인 경우엔, 수없이 많은 실패를 거듭하더라도 완전한 절망감에 빠질 일은 없다.

8, 감정적 피로는 휴식을 방해한다. 감정적 피로는, 피곤할수록 그 피곤에서 벗어나는 것이 점점 더 어려워진다. 자신의 일이 몹시 중요해서, 쉬기라도 하면 큰일 날 거라 생각하는 사람은, 신경 쇠약에 가까워지고 있다는 징조다. 이런 사람은 일에서 벗어나 당장 휴가를 얻어야 한다. 일 때문에 빚어진 듯 보이는 신경 쇠약의 실제 원인은, 바로 감정적 피로에 있기 때문이다.

9, 신경 쇠약을 앓고 있는 환자는, 단지 일이라는 수단을 통해 감정적 문제에서 벗어나고자 애쓰는 사람이다. 이런 사람은 일을 중단하길 몹시 싫어한다. 일을 중단하면, 어떤 종류의 불행을 겪고 있든, 그 불행에서 마음을 돌리게 할 수 있는 대상이 사라지기 때문이다. 언제나 문제를 일으키는 건 일 자체가 아니다. 감정적인 병이다. 따라서 충분한 휴식을 거치며, 이 감정적인 문제부터 해결해야 한다.

10, 일이 끝나면 그 일을 잊어버리고, 이튿날 다시 시작할 때까지 일을 생각하지 않는 사람은, 일하지 않는 동안에도 줄곧 일 걱정인 사람에 비해 훨씬 더 일을 잘할 수 있다. 그러기 위해선 관심사를 늘려야 한다. 자신이 맡은 일 외에도 여러 관심사를 가진 사람은 일에 대한 생각을 버려야 할 때,

그렇지 못한 사람에 비해 훨씬 쉽게 일을 잊는다.

11, 이때 염두에 두어야 할 것은, 이런 관심사가 일을 하는 동안 피로해진 기능들을 계속 작동시켜선 안 된다는 점이다. 이런 관심사는 의지력이나 신속한 결정을 필요로 하지 않는 일이어야 하며, 경제적으로 연관된 일이 아니어야 하고, 감정을 피곤케 하거나 자극적이지 않아야 한다.

12, 자신이 맡은 일에만 과하게 관심을 쏟는 사람은, 늘 극단주의로 빠져들 위험이 있다. 이런 극단주의의 특징은, 마음에 드는 대상 중 한두 가지만 기억하고, 나머지는 모두 잊고 지낸다는 것이다. 한두 가지 대상을 추구하는 과정에서, 부수적으로 일어나는 해악은 무시해 버린다. 그 때문에 문제가 생기고, 고통을 마주한다. 이런 극단주의적 경향을 예방할 수 있는 가장 좋은 방법은, 인간의 삶과 우주 속 인간의 위치에 대해 폭넓게 이해하는 것이다.

13, "균형 감각"은 매우 소중한 것이며, 때론 큰 위안을 주기도 한다. 인간은 자신이 몸담고 있는 세상의 아주 조그마한 모퉁이가 갖는 의의와, 자신이 태어나서 죽을 때까지 짧은 순간의 의의에 대해 지나치게 흥분하고, 지나치게 긴장하며, 지나치게 감동하는 경향이 있다.

14, 자신 존재의 중요성에 대해, 이런 식으로 흥분하며 과대평가하는 건 결

코 바람직하지 않다. 이런 식의 태도를 가지면, 일을 더 열심히 하게 될지는 모르겠으나, 더 잘하게 되진 않을 것이다. 일을 적게 하고 좋은 결과를 얻는 것이, 많이 하고 나쁜 결과를 얻는 것보다 나으며, 자신이 얼마나 작은 존재인지 알지 못하는 사람은, 어떤 위대한 일도 해낼 수 없다.

15, 조직 내에서 어떤 의견을 내놓으면, 사회적 적의에 직면하게 되는 때가 있다. 이때 제일 바람직한 해결책은, 그런 적의를 될 수 있는 한 대수롭지 않은 것. 될 수 있는 한 아무 영향력도 발휘하지 못하는 것으로 만들 방법이 무엇인지 찾아내는 것이다. 절대 주눅 들지 말라.

16, 어떤 조직이든 정도의 차이는 있겠지만, 무지와 편견, 잔혹성과 같은 특징을 모두 가지고 있다. 만약 주위 사람들이 무지 또는 편견, 잔혹성에 사로잡혀 있는 경우에, 주위 사람들과 사이좋게 어울리지 못한다는 것은, 남다른 재능이 있다는 것을 드러내는 가장 확실한 증거다.

17, 고든 일을 통틀어, 다가오는 위험을 처음 느꼈을 때야말로 저지할 방안을 짜고, 무언가 조치해야 할 최적의 시기다. 이때 동작이 굼떠서는 안 된다. 일단 위험이 진전되기 시작하면, 저지하기 훨씬 어려워진다. 발 빠르게 움직여야 한다.

18, 곤란하거나 심각한 결정을 내려야 할 경우엔, 모든 자료를 이용할 수

있을 때, 즉시 그 문제를 깊이 숙고해 결정을 내려라. 일단 결정을 내린 다음엔, 새로운 사실이 밝혀지지 않는 이상 결코 그 결정을 번복하지 마라. 망설임만큼 심신을 지치게 하면서도 쓸데없는 일이 없다.

19, 노동이 언제나 인간과 세계의 풍요로운 관계를 형성해 주는 건 아니다. 그것이 가능하냐 아니냐는, 노동을 수행하는 사람의 정신 상태에 달려 있다. 오로지 금전적 동기에서 비롯한 노동은 이런 가치를 지닐 수 없다. 사람, 사물, 혹은 어떤 미래상에 대한 헌신적인 열정을, 현실 속에 실현하는 노동만이 이런 가치를 지닐 수 있다.

20, 대의와 공의가 담긴 일을 추구해 보라. 환상적인 요소가 들어 있지 않은 대의와 공의를 찾는 것은 아주 쉬운 일이다. 여기에 진지한 관심을 가진 다면, 한가할 때 즐길 만한 소일거리이자, 동시에 인생은 허무한 것이란 감정을 완전히 차단할 수 있는 훌륭한 대책을 찾은 것이나 다름없다.

13

하는 일이 있어야 행복도 있다

1, 일을 행복의 원인으로 볼 수도 있고, 불행의 원인으로 볼 수도 있다. 그건 자신이 자신의 일을 어떻게 생각하느냐에 달린 문제일 뿐이다. 어쨌든 꼭 흥미 있는 것이 아니더라도, 일은 그 자체로 어마어마한 이점이 있다.

2, 자신의 야망을 지속시키는 것은, 최종적인 행복에 도달할 수 있게 해 주는 본질적 요소 중 하나다. 근데 대부분의 사람은, 일이라는 수단을 통해서만 이 야망을 지속할 수 있다. 즉, 하는 일이 있어야 행복도 있을 수 있다.

3, 만인으로부터 갈채는 받지 못하더라도, 기술을 연마하는 데서 만족감을 느끼는 사람이라면, 누구나 일을 통해 즐거움을 얻을 수 있다.

4, 숙련을 필요로 하는 일이 계속 즐거울 수 있으려면, 그 기술이 다양하게

변화할 수 있거나, 끝없이 향상될 수 있다는 것이 전제되어야 한다. 이런 전제가 없다면 최고의 기술에 도달한 사람은, 더 이상 그 일에 대해 아무런 흥미도 느끼지 못할 것이기 때문이다.

5, 일에 있어서 가장 깊은 충족감을 줄 수 있는 목적이란, 한 가지 성공이 다음 성공으로 끝없이 이어지기 때문에, 완벽한 종결이 있을 수 없는 목적이다.

6, 습관화된 증오심을 고칠 수 있는 가장 쉬운 방법은, 바로 중요한 의의가 담긴 건설적인 일에 종사할 기회를 갖는 것이다. 중요한 의의가 있는 업무에서 유의미한 성과를 거둔 끝에 느끼는 만족감은, 인간이 살아가며 얻을 수 있는 가장 큰 만족감 중의 하나다.

7, 맡은 일을 주도적으로 해 나가는 사람. 그리고 자기가 맡은 일이 쓸모 있을 뿐 아니라, 상당한 기술을 필요로 하는 일이라고 생각할 수 있는 사람이라면, 누구나 일을 통해 만족을 느낄 수 있다. 그리고 그런 만족감은, 당연히 한 사람의 인생을 더욱 행복하게 만든다.

8, 일하라. 일을 해야만 열정이 생긴다. 원기를 잃을 정도로 지나치게 힘든 일을 하는 경우만 아니라면, 일을 하는 사람은 아무 일도 하지 않는 사람에 비해, 자유 시간에 있어 더 많은 열정을 가지게 마련이다. 그렇기에 일하는 사람의 인생은, 그렇지 않은 사람보다 훨씬 즐겁다.

14

여가와 휴식은 필수적이다

1, 여가 시간을 지혜롭게 사용하는 능력은 성숙한 인격과 현명한 인간의 주요 특징이지만, 그 수준에 도달하는 경우는 극소수에 불과하다.

2, 노동은 인생의 목표가 아니다. 과도한 노동을 피하라. 모든 인간에게 여가는 필수적이다. 인간은 상당한 양의 여가 없이는, 최상의 많은 것들로부터 차단되게 돼 있다. 여가 시간을 반드시 확보해야 한다. 여가 활동의 즐거움이 전혀 없는 인생은 황폐해지고 만다.

3, 여가를 보내고 나서, 시간을 낭비한 것 같다고 느낀 적이 있는가? 만약 그 시간이 즐거웠다면, 그건 결코 낭비한 시간이 아니다. 즐거움은 매우 소중한 것이다. 다른 사람에게 해를 주는 일만 아니라면, 어떤 즐거움도 귀중히 여겨야 한다. 즐거웠다면 됐다, 절대 후회하지 말라.

4, 아이들에게만 놀이가 필요한 게 아니다. 어른에게도 현재의 즐거움 외엔, 어떤 것도 필요하지 않은 놀이에 빠지는 시간이 꼭 필요하다. 그리고 그 놀이가 제 역할을 다할 수 있기 위해선, 자신의 업무와는 아무 상관 없는 분야에서, 기쁨과 흥미를 찾아낼 수 있어야 한다.

5, 인간은 대지의 창조물이며, 인간의 생명은 대지 생명의 일부분이다. 인간은 동식물과 마찬가지로, 대지에서 자양분을 얻는다. 대지의 생명 흐름은 매우 더디다. 대지에는 봄과 여름도 중요하지만, 가을과 겨울도 중요하다. 활기찬 활동도 중요하지만, 평온한 휴식 역시 중요하다.

6, 일도 중요하지만, 쉬는 것도 굉장히 중요하다. 사람은 피곤해질수록 외부적인 관심이 줄어들게 마련이다. 그럴수록 외부적인 관심이 제공하는 안도감이 사라져, 점점 더 피곤해진다. 이런 악순환은 파멸로 귀결되기 쉽다. 그러니 지치지 않도록 자신에게 휴식을 허락하라.

15

자신을 단련하고, 자신에게 충실하라

1, 자신을 부지런히 단련해야 한다. 인간의 삶이란, 가까스로 식은 용암의 얇은 표면 위를 아슬아슬하게 걷는 것과 비슷하다. 자칫 방심했다간 언제 어느 때 그 표면이 갈라져, 불타는 심연으로 떨어지게 될지 모른다. 그렇기에 "자기 단련"은 더더욱 필요한 것이다.

2, 인간은 자신의 충동을 마음대로 풀어놓거나, 어떠한 통제도 없이 되는 대로 삶으로써 자유로워지는 것이 아니다. 인간은 자신의 고집 센 충동을 억누르고, 조금 더 우위의 어떤 목적에 자신을 복종시킴으로써만 자유로워질 수 있다.

3, 두려움 없는 태도, 인습에 대한 경멸, 다수의 의견에 대한 무관심은 배워 볼 만한 것이다. 그러니 소수에 속하는 것을 두려워하지 말고, 다수를

따라 악을 행하지도 말라. 자신의 모습으로 자유롭게 활동하며, 자기 내부의 목소리에 충실하라.

4, 멈추지 말고, 품성과 지성을 발달시켜야 한다. 품성과 지성에도 반드시 훈련이 필요하다. 훈련 없이는 결코 더 나은 인간이 될 수 없으며, 따라서 더 나은 인생도 될 수 없다. 끊임없이 훈련하라.

5, 모든 행위는 자신의 내적 충동에서 솟아 나올 때가 가장 훌륭하다. 그것을 끌어내기 위해선, 어려운 무언가를 달성하고자 하는 "야심과 야망"이 있어야 한다. 또한 그 목적을 이루기 위해 노력하고자 하는 "의지와 끈기"가 있어야 한다.

6, 너의 취향과 너의 의지에 따라, 새로운 세계를 스스로 창조해 나가라. 네가 새롭게 창조해야 할 세계, 네가 진정 창조하고 싶은 세계를 앞에 두고, 그에 어울릴 만한 열정적인 확신만 가진다면, 기쁘고 행복한 생활을 얼마든지 영위해 나갈 수 있다.

7, 너의 의견이 이상한 것 같다고 묻어 두지 마라. 지금 너무나 당연히 여겨지는 의견들도, 한때는 전부 이상한 의견들이었다. 용기를 내어 입을 열어라. 원하는 것을 자신 있게 말하라. 주장하고 싶은 생각을 당당히 이야기하라. 계속 입을 다물고 있는다면, 그 어떤 좋은 목적에도 이바지할 수 없으

며, 아무것도 얻을 수 없을 것이다.

8, 미래에 관한 자신의 비전을 행동으로 뒷받침하고자 마음먹은 사람은, 단언컨대 "괴짜"란 소리를 수도 없이 들을 각오가 돼 있어야만 한다. 실제로 모든 진보의 근원은 기존 견해에 맞섰던 괴짜들이었으며, 지금의 세상은 그들이 비난을 무릅쓰며 만들어 온 것이다.

9, 자신의 이상에 대한 확신, 곁을 지켜주는 사람들, 그리고 끈질긴 의지만 있다면 아무리 어려운 시기도 견뎌낼 수 있다. 이 중에서 절대 빠져선 안 되는 게 하나 있다면, 그것은 바로 "끈질긴 의지"다.

10, 고민은 어떤 일을 시작하였기 때문에 생기기보다는, 어떤 일을 할까 말까 망설이는 데서 더 많이 생긴다. 그냥 하라. 실패를 미리 두려워할 필요가 없다. 성공하고 못하고는 어차피 하늘이 결정할 일이다. 결과에 대해 미리 생각하지 않으면, 오히려 용기를 얻는다.

11, 누구도 자신이 목표로 한 결과물을 성취하게 되리라 확신할 수 없다. 하지만 승리가 확실하지 않다면, 싸우지 않겠다는 병사를 좋게 생각할 순 없는 노릇 아닌가. 소심한 인간으로 살아가선 안 된다. 도전하라. 실패할 가능성을 인정하라. 담대하게 모험을 시도하라. 용감하게 부딪쳐라.

12, 불확실한 결단이 우유부단함보다 훨씬 낫다. 재능 있는 사람이 종종 무능하게 되는 이유는, 바로 우유부단하기 때문이다. 무언가 조금 부족하더라도, 일단 시작하면 한 걸음 앞서게 된다. 어차피 완벽이란 것은 없다. 매사에 망설이기보다는 차라리 실패를 선택하라.

13, 실수하는 것을 절대로 두려워하지 말라. 실수를 한다는 건, 인생에서 얻을 수 있는 귀중한 배움의 일부다. 그러니 모든 일에 자신감을 가지고 임하라. 자신감은 좋은 삶의 필수 조건이다.

14, 오늘 하나의 어려운 일을 참고 극복해 냈다면, 그는 그 순간부터 강한 힘의 소유자인 것이다. 고난과 역경은 언제나 새로운 힘의 근원이다. 고난과 역경 앞에서 낙심하지 말라. 그것을 올라타고 서서 더 멀리 보라. 그것을 발판으로 하여 더 멀리 뛰어라.

15, 처음엔 성공 여부를 불확실하게 만드는 어려움이 존재해야만, 성취의 기쁨이 뒤따르게 된다. 그 일이 어려우면 어려울수록, 성취의 기쁨은 수십, 수백 배로 불어난다. 따라서 어렵다고 포기하거나, 서툴다고 걱정하지 마라. 너는 틀림없이 거대한 성취감을 맛보게 될 테니.

16, 너의 두 발로 우뚝 서서, 공정한 눈으로 세상을 직시하라. 세상의 좋은 사실들과 나쁜 사실들, 아름다운 것들과 추한 것들을 총망라하여 있는 그

대로 바라보되, 그런 세상을 두려워하지 말라. 세상에서 오는 공포에 비굴하게 복종하지 말고, 지성의 힘으로 이 세상을 정복하라.

17, 너는 네가 할 수 있는 한, 최선의 세상을 만들어야 한다. 좋은 세상은 친절과 용기를 필요로 한다. 좋은 세상은 후회에 찬 과거를 동경하는 것, 오래전 무지한 자들이 내뱉은 말로 인해, 자유로운 지성을 구속하는 것을 필요로 하지 않는다.

18, 좋은 세상은 두려움 없는 세계관과, 자유로운 지성을 필요로 한다. 좋은 세상은 미래를 위한 희망을 필요로 하지만, 이미 죽어 버린 과거를 향해 시간을 거슬러 돌아보는 일은 필요로 하지 않는다. 지성의 힘을 통해, 과거의 시체를 밟고 넘어서라.

19, 용감한 사람도 뜻하지 않은 재난을 만난다. 하지만 용감한 사람은, 겁 많은 사람이었다면 넋을 잃고 말 정도의 어려운 상황을, 아무런 상처 없이 뚫고 나오는 경우가 많다. 용감해져야 한다. 그렇게 되면, 너 또한 아무 상처 없이 곤경을 뚫고 나올 수 있을 것이다.

20, 자신의 관심이 오로지 세상으로부터 찬사를 받는 데만 쏠려 있는 사람은, 목표를 성취하기 어렵다. 일에서 거두는 참된 성공은, 모두 그 일 자체와 관련된 내용에 대한 진심 어린 애정과 관심에 달려 있기 때문이다. 세상

의 박수 따위와는 어떠한 연관도 없다.

21, 직업적인 성공은 행복의 한 가지 요소에 불과하다. 만약 이를 위해 나머지 요소들을 모두 희생한다면, 그건 지나치게 비싼 대가를 치르는 셈이다. 또한 성공한 것을 가지고 무엇을 할지 배워 두지 않은 사람도, 그 후에 권태의 먹이가 될 수밖에 없다.

22, 바라는 바대로 성공으로 이어지는 열망이 있고, 그렇지 못한 열망이 있다. 만일 전자를 추구한다면 행복해질 테지만, 후자를 추구한다면 불행해질 것이다. 이 두 가지를 현명하게 구분할 수 있어야 한다.

23, 자신의 수용 능력이 자신의 요구 사항을 감당하지 못할 때, 즉 가망 없는 노력을 계속해 나갈 경우, 인간은 무기력해지고 만다. 무기력은 또 갖가지 문제를 발생시킨다. 이는 자신에게도 큰 해가 될 뿐만 아니라, 남들을 위해 하고자 했던 좋은 일마저 제대로 하지 못하게 된다.

24, 너는 빠져나갈 구멍이 아예 없는 쳇바퀴에 갇힌 신세가 아니다. 네가 거기서 벗어나지 못하는 유일한 이유는, 그것이 너를 더 높은 곳으로 끌어올려 줄 수 없다는 사실을 인정하지 않고 있기 때문이다. 다시 말해, 어떤 일은 놓을 줄도 알아야 한다는 뜻이다. 원하는 것 중 일부를 포기하는 것은, 행복을 위해서도 꼭 필요한 일이다.

25. 이 세상엔 하고 싶은 일이, 할 만한 일이 하나도 없다는 생각에 고심하는 너에게 이리 충고하겠다. "세상 밖으로 나가라. 해적도 되어 보고, 왕도 되어 보고, 노동자도 되어 보라. 기본적인 신체의 욕구를 충족시키기 위해, 모든 에너지를 쏟아야 하는 생활을 당장 시작하라. 진정한 너의 삶을 살아라!"

사랑을 두려워하는 사람은 인생을 두려워하고,
인생을 두려워하는 사람은 죽은 것과 다름없다.

자유롭고 용기 있는 사랑이야말로,
싸우지 않고도
세계를 정복할 수 있는 힘이다.

16

좋은 관계를 유지하는 지혜

1, 진정 행복하기 위해선, 반드시 주위 사람과 마음이 맞아야 한다. 마음이 맞는 사람을 만났을 때, 그 앞에선 특별히 몸을 사리거나, 자신을 감추며 위선적 태도를 취하지 않아도 되기 때문이다. 게다가 비슷한 취미와 견해를 가지고 있는 사람이라면, 그 행복감은 말도 안 되게 증가한다.

2, 관대함을 지녀라. 다른 사람을 열린 마음으로 대하는 관대한 태도를 가진 사람은, 다른 사람들을 행복하게 만든다. 그렇게 자신 또한 남들에게 호감을 얻게 되기 때문에, 무한한 행복을 누릴 수 있다.

3, 다른 사람을 바꾸려고 시도조차 하지 마라. 잔소리도 하지 말고, 꾸중도 하지 마라. 꾸중을 감수할 마음이 없는 사람을 꾸중해 봐야 아무런 소용이 없다. 불화만 일으킬 뿐이다. 자기 자신에게 변화할 마음이 없다면, 다른 사

람이 무슨 짓을 해도 변하지 않는다.

4, 다른 사람들, 특히 가장 사랑하고 가까운 사람들을 대할 때 절대 잊지 말아야 하지만, 기억하긴 쉽지 않은 사실이 하나 있다. 그것은 바로 그들은 그들 입장에서 인생을 바라보며, 그들을 움직이는 것은 그들의 입장일 뿐, 그들이 나의 입장에서 인생을 바라봐주지 않는다는 점이다.

5, 다른 사람에게 많은 것을 기대하지 말라. 예전 같으면, 병든 부인이 자신의 딸들 가운데 적어도 하나는, 자기를 돌보기 위해 결혼도 포기하고 스스로를 희생해주길 기대하는 경우가 많았다. 이는 이타주의자가 입는 손실이, 이기주의자가 얻는 이득보다 훨씬 크다는 점에서, 다른 사람에게 이성에 어긋날 정도의 이타심을 기대하는 것이다.

6, 어떤 사람에게 타인을 위해, 인생의 근본 노선을 어그러뜨리길 기대해선 안 된다. 자연스럽지 못한 희생을 강요하거나, 희생하지 않았다고 해서 비난하지 마라. 사람들은 다른 사람의 행동에 대해 불평하지만, 그런 행동은 어떤 사람이 적정 한계를 넘어 자아를 확장하려 할 때, 상대방이 자연스러운 이기심을 통해, 그 사람의 지나친 탐욕에 대항하여 보이는 건강한 반응인 경우가 대부분이다.

7, 불필요한 겸손을 버려라. 자신을 훌륭한 사람으로 여겨라. 공작새는 다

른 공작새의 꼬리를 전혀 부러워하지 않는다. 공작새는 저마다 자기 꼬리가 제일 훌륭하다고 믿는다. 그래서 공작새는 온순하다. 만일 이게 나쁘다고 배운 공작새가 있다면, 그 새의 삶은 얼마나 불행할까.

8, 쓸데없는 소심함이 필요 이상으로 문제를 악화시키는 경우가 많다. 여론을 두려워하는 사람에게 가해지는 여론의 횡포는, 여론에 무관심한 사람에게 가해지는 횡포에 비해 훨씬 난폭하다. 개도 자기를 얕잡아 보는 사람을 만났을 때보다, 자기를 무서워하는 사람을 만났을 때 더 큰 소리로 짖고, 더 거리낌 없이 물어 댄다.

9, 대중도 이와 비슷한 성향을 가지고 있다. 대중을 무서워하고 있다는 낌새가 보이는 사람을 발견하면, 대중은 좋은 사냥감을 만났다는 기대에 들뜬다. 반면 대중에 대해 무관심한 태도를 보이는 사람을 발견하면, 대중은 자신들의 힘으론 감당할 수 없는 건 아닌가 하는 생각에, 그 사람을 건드리지 않는다.

10, 여론이나 비판, 비난 등 타인에 대한 두려움은 사람의 마음을 특히 옥죄며, 발전을 심각하게 저해한다. 이런 두려움이 강하게 남아 있는 한, 위대한 업적을 달성하기는커녕 참된 행복이 깃들어 있는 정신적 자유조차도 누릴 수 없다.

11, 인습에 지나치게 굴복하여 개성을 잃지 말라. 정말로 여론에 대해 무관심할 수 있다면, 그것은 하나의 힘이자 행복의 원천이 된다. 그렇다고 일부러 괴팍한 행동을 하라는 말이 아니다. 그저 자연스럽게 타고난 성향대로 행동하되, 결코 반사회적인 행동으로 넘어가선 안 된다.

12, 중요한 문제냐 사소한 문제냐는 따져 보지도 않고, 남의 의견이나 권위를 무조건 수용하는 사람이 많다. 전문가의 의견이든, 여론이든, 남의 의견은 굶어 죽지 않고, 감옥에 가지 않을 정도로만 수용하면 된다. 이런 한도에서 벗어나는 행동은 지나친 횡포에 자발적으로 굴복하는 것이며, 모든 면에서 행복이 가로막힌다. 받아들일 수 있는 것만 신중히 취하라. 수동적으로 수용하는 습관은 이후의 삶에서 재앙이 된다.

13, 네가 동료 인간들에게 갖는 적의 때문에 수많은 고통이 만들어지는 것이다. 미워하지 마라. 화내지도 말고, 다투지도 마라. 항상 인간애를 기억하라. 무엇보다 동시대에 살아가는 사람들을 고통스럽게 하는 데서 으뜸가는 즐거움을 찾는, 한심한 인간이 되지 말라. 인간이 다른 인간을 무시하거나, 괴롭힐 권리는 어디에도 없다.

14, 세상과 사람에 대항하여 맞서지 마라. 너는 마치 당구공처럼 다른 존재와 충돌하는 것 말고는, 아무런 관계도 맺을 수 없는 단단하고 고립된 존재가 절대 아니다. 너는 강물처럼 부드럽게 흘러가면서, 다른 모든 존재를 폭

넓게 수용할 수 있는 능력을 갖추고 있는 사람이다.

15, 친밀한 우정과 따뜻한 사랑, 긴밀한 협력은 행복한 삶에 없어선 안 될 매우 중요한 요소다. 인간의 감정이, 참된 행복이 전개될 수 있을 만큼의 진지함과 깊이를 지니려면, 공동체의 삶과 밀접하게 접촉하는 일은 필수적이다. 완전히 고립된 사람은 완전한 행복을 얻을 수 없다.

16, 어떤 인간관계든 어느 한쪽이 행복을 얻기는 쉽지만, 양쪽 모두 행복해지기란 어려운 일이다. 하지만 바람직한 인간관계는 양쪽 모두에게 만족감을 주어야 한다. 양쪽 모두가 만족감을 얻으려면, 상대방의 인격이 다치지 않도록 세심히 배려하고, 존중하는 마음가짐이 꼭 필요하다.

17

경쟁의식이 불행을 끌고 온다

1, 사람들이 흔히 쓰는 생존을 위한 경쟁이란 말은, 실제론 성공을 위한 경쟁을 의미한다. 사람들은 경쟁하면서 내일 아침을 못 먹을까 봐 두려워하는 게 아니다. 옆 사람을 뛰어넘지 못할까 봐 두려워하는 것이다. 이런 경쟁의식이 불필요한 불행을 끝도 없이 몰고 온다.

2, 경쟁은 지나치게 냉혹하고 집요하다. 필요 이상으로 근육을 혹사시키며, 의지 또한 해로울 정도로 집중하게 만든다. 경쟁은 신경의 피로를 초래하고, 여러 가지 도피 현상을 일으킨다. 많은 일을 어렵게 만들고, 긴장되도록 한다. 온전한 휴식마저 불가능해진다. 마침내 재생산이 이뤄지지 못해, 재고가 바닥나는 지경에 이를 것이다.

3, 습관화된 경쟁심은 경쟁과는 아무 관계 없는 분야까지 침투해, 자신을

괴롭게 만든다. 이런 경쟁의 병을 치료할 수 있는 확실한 방법은, 건전하고 조용한 즐거움을 인생의 균형 잡힌 이상형의 하나로 받아들이는 것이다. 삶의 모든 순간을 승과 패로 이등분하지 말라. 행복은 투쟁이 아닌, 협력에 있음을 항상 기억하라.

18

사랑이 없는 건 고통의 원천이다

1, 모든 인간의 영혼은 근본적으로 고독하며 또 외롭다. 이것을 극복할 수 있는 유일한 것은 지고지순한 사랑뿐이다. 게다가 사랑이야말로 기쁨을 주는 원천이다. 그렇기에 사랑이 없다는 것은 고통의 원천이기도 하다.

2, 사랑은 대단히 중요한 것이다. 사랑은 생애 대부분에 걸쳐, 남녀를 괴롭히는 고독에서 벗어날 수 있게 해 주는 탈출구이다. 열정적인 사랑은 자아의 단단한 벽을 깨부수고, 둘이 하나로 통합된 새로운 존재를 낳는다. 자연은 인간을 혼자 살아갈 수 있도록 만들어 놓지 않았다. 인간은 다른 인간의 도움을 받지 않고선 살 수 없다.

3, 모든 인간은 협력하지 않으면 살아갈 수 없는 존재다. 사랑은 그 협력을 끌어내는 최초의 방식이자, 가장 보편적인 감정의 형식이다. 따라서 강렬

한 사랑을 경험해 본 적 있는 사람이라면, 분명 이에 동의할 것이다. 인간에게 최고의 행복은, 단연코 사랑을 주고받는 감정이라는 것을.

4, 남녀를 막론하고, 애정을 느끼지 못하는 것은 커다란 불행이다. 이런 경우에 그 사람은, 인생이 제공하는 가장 큰 기쁨을 누릴 수 없다. 이런 기쁨을 누리지 못하는 사람은 언젠가 열정을 잃게 되고, 내향적인 성격이 되고 만다. 인간의 삶에서, 꾸밈없는 애정을 서로 주고받는 것만큼 소중한 것은 없다.

5, 남녀 간의 행복한 사랑, 그 자체가 매사를 더 쉽게 만들어 준다. 육체뿐 아니라 정신적으로도 남자에겐 여자가 필요하고, 여자에겐 남자가 필요하다. 이것이 성립되지 않는다면, 여자나 남자나 모두 편협해지고 말 것이다. 인간은 본질적으로 이성에게서 많은 것을 배워야 하는 존재이며, 사랑의 경험을 통해서만 완전한 정신적 성장을 이룰 수 있기 때문이다.

6, 소유욕은 사랑을 죽인다. 오로지 소유욕에서 비롯한 사랑은 어떤 가치도 없다. 가치 있는 사랑이 되려면, 사랑하는 사람의 자아를 자신의 자아처럼 귀히 여기고, 상대방의 감정과 욕구를 자신의 것처럼 생각해야 한다. 다시 말해, 자아 중심의 감정을 의식적으로뿐만 아니라, 본능적으로 확장시켜 상대방까지 포용할 수 있어야 한다.

7, 사랑이 최대의 효험을 발휘하려면 그것은 자유롭고 너그러우며, 그 어떤 구속도 받지 않고 진심에서 우러난 것이어야 한다. 사랑은 그 감정이 어떤 속박에도 얽매이지 않고, 자발적으로 일어날 때만 건강하게 자란다. 사랑을 의무로 여기는 식의 사고는 사랑을 질식시키기 쉽다. 만약 누군가를 사랑하는 것이 의무가 된다면, 그 사람에 대한 증오심을 키우는 가장 확실한 방법이 될 것이다.

8, 너그러운 태도로, 강압적인 행동을 선호하는 태도를 물리친 사랑이 베푸는 기쁨은, 이 불안정한 세계에서 주도권을 유지하려 애쓰는 사람이 느낄 수 있는, 그 어떤 감정보다도 강렬하고 소중하다. 이런 관대한 사랑은, 일상생활이라는 조악한 금속을 신비롭고 황홀한 순금으로 변형시킨다.

9, 진정으로 가치 있는 남녀 관계는, 신중한 태도가 필요하지 않은 관계다. 두 사람의 모든 인격이 융합하여, 새로운 공동의 인격을 형성하는 관계다. 여러 종류의 신중함 가운데, 진정한 행복을 가로막는 가장 치명적인 것은, 아마 사랑에 관하여 신중한 태도일 것이다.

10, 가치 있는 사랑은 대담하고도 빈틈이 없는 사랑. 좋은 것이 무엇인지 알려주되, 나쁜 것을 눈감아 주지 않는 사랑. 그리고 신성한 척, 거룩한 척하지 않는 사랑이다.

11, 사랑하라. 누군가를 진심으로 사랑해 보라. 사랑이란 경험은 가뭄 끝에 단비로 식물이 되살아나듯, 사람에게 원기를 불어넣고, 그 존재를 새롭게 만든다. 한 사람의 단단히 굳어 버린 자아의 껍질을 완전히 깨뜨릴 수 있다. 이전과는 전혀 다른 차원의 세계로 발을 들일 수 있다.

12, 자신이 사랑하는 사람의 행복을 바라는 것은, 진실로 아름다운 일이다. 그러나 자신의 행복은 포기한 채, 상대방의 행복을 바라는 것은 절대 옳은 일이라고 할 수 없다.

13, 가장 바람직한 사랑은, 서로 생명력을 주고받는 사랑이다. 두 사람은 애쓰지 않고도 기쁨으로 사랑을 주고받으며, 둘 다 행복을 느끼기 때문에, 결국 세상에 대해서도 더욱 큰 흥미를 느낀다. 서로가 함께 행복을 누리며 성장해 나가는, 이런 사랑을 나누어야 한다.

14, 두 사람이 서로에 대해 진정한 관심을 가지고 있는 사랑. 서로를 단순히 자신의 행복에 도달하기 위한 수단으로 보는 것이 아니라, 공동의 행복을 추구하는 결합체로 보는 사랑이야말로, 진정한 행복에 이르는 아주 중요한 요소다.

15, 이성 간의 가장 이상적인 사랑은, 어떤 편견과 두려움에도 얽매이지 않고, 육체와 정신이 대등한 결합을 이루는 것이다. 사랑은 대지에 깊이 뿌리

를 박고 있으면서도, 하늘을 향해 가지를 뻗는 나무여야 한다. 사랑은 금기와 미신에 근거한 두려움, 갖은 질책, 그리고 두려움에서 비롯한 침묵의 장벽에 갇혀서는 성장할 수도 없고, 번성할 수도 없다. 두려움과 억제, 그리고 자유에 대한 상호 간섭 위에서는 행복 역시 자리 잡지 못한다.

16. 사랑은 받는 것만으론 충분하지 않다. 받는 사랑은, 마땅히 베풀어야 할 사랑을 해방시켜야 한다. 이 두 종류의 사랑이 비슷한 수준으로 존재할 때, 사랑은 그 최대의 가능성을 달성할 수 있다. 그제야 진정한 사랑이 빛을 발한다.

17. 인간의 본성은, 사랑을 조르지 않는 사람에게 가장 쉽게 사랑을 베풀도록 되어 있다. 그러므로 친절한 행동의 대가로 사랑을 사려고 애쓰는 사람은, 은혜를 모르는 인간의 배은망덕을 수없이 경험하면서 결국 환멸에 빠지게 될 것이다.

18. 사랑을 받는 건 행복을 부르는 가장 유력한 원인이지만, 사랑은 졸라 댄다고 해서 받을 수 있는 게 아니다. 사랑을 베푸는 사람이 사랑을 받는다. 그러나 이자를 받을 생각으로 돈을 빌려주듯, 되돌려 받을 것을 계산해 베푸는 사랑은 허망한 것이다. 계산된 사랑은 사랑이 아니다. 사랑은 거래가 아니다.

19, 사랑 중에 가장 위대한 사랑은, 부모가 자녀에게 느끼는 사랑이다. 자녀에 대한 부모의 사랑이 가진 특별한 가치는, 다른 어떤 사랑보다 믿을 만한 사랑이라는 데 있다. 친구는 네가 가진 장점 때문에 너를 사랑하고, 애인은 네가 가진 매력 때문에 너를 사랑한다. 네가 가진 장점이나 매력이 줄어들면, 친구나 애인은 모두 떠나갈 것이다. 그러나 부모는 그렇지 않다. 부모는 네가 불행에 처했을 때도 가장 큰 의지가 된다.

20, 부모에게 언제나 친절하라. 부모가 올바른 사람이라면, 부모는 네가 병들었을 때는 물론이고, 치욕을 당했을 때도 큰 힘이 되어준다. 부모는 다른 이유 때문에 너를 사랑하지 않는다. 부모가 너를 사랑하는 이유는, 네가 자식이기 때문이다. 이것은 결코 변하지 않는 진실이기에, 너는 다른 누구와 있을 때보다 부모와 함께 있을 때 훨씬 큰 안정감을 느낀다. 부모의 사랑이 성공의 길을 가는 동안엔 그다지 중요하지 않을 수도 있다. 하지만 실패의 낭떠러지로 떨어졌을 경우엔, 그 어떤 곳에서도 찾을 수 없는 위안과 따스함을 준다.

21, '이성 간의 사랑과 부모와 자식 간의 사랑', 이 두 가지 사랑은 인간이 살아가는 데 있어 무엇보다도 중요한 감정이다. 서로의 자유를 존중하고, 서로의 인격을 포용하며, 서로를 진심으로 사랑하라.

세계는 열린 가슴과 정신을 필요로 한다.

정신의 자유를 목표로 하라.

정신이 구속에서 벗어나지 못하는 한
저속한 욕구는 육체적 방종으로 이어지고,
따라서 참된 행복을 경험할 수 없다.

생각과 지식

19

건강한 정신을 지키는 생각법

1, 어느 한 주제를 너무 배타적으로 생각하는 것은 잘못이다. 특히 행동이 뒤따르지 않을 땐 더더욱 그렇다. 그렇게 한 생각에만 오래 빠져 지내면, 다른 사람과 주변을 향한 관심은 자연스레 줄어든다. 실제로 건강한 정신을 유지할 수 있는 길은 '다양한 관심사'에 달렸다.

2, 과거에 대한 부적절한 집착을 버려라. 옛날을 되돌아보며 후회하거나, 슬픈 기억 속에 사는 것은 아무짝에 쓸모없다. 우리의 생각은 앞으로 다가올 미래와, 우리가 해야 할 무언가를 지향해야 한다. 과거를 잊어라. 만일 잊을 수 있다면, 그것은 더 이상 사실이 아니게 된다.

3, 미래만 주시하면서, 앞으로 다가올 결과에 따라 현재의 의미가 결정된다고 생각하는 버릇은 좋지 않다. 만약 각각의 부분이 가치가 없다면, 그 부분

들이 모여 이루어진 전체 역시 가치 없는 것 아니겠는가?

4, 이해하려고 노력해 보라. 다양한 세계상들을 이해하는 연습을 하면, 그만큼 마음의 폭이 넓어진다. 새롭고 풍부한 가설과 유용한 지식들을 더욱 잘 받아들일 수 있게 된다. 따라서 지적 상상력은 훨씬 크게 확대된다. 결국 이것은 자신을 성장시키기 위한 일인 셈이다.

5, 객관적으로 사고하는 습관을 획득해야 한다. 매우 확고하고 열렬히 주장되는 믿음은, 보통 최소한의 근거밖에 없는 믿음인 경우가 아주 많다. 근거에 입각하여 사유하되, 근거가 부족할 땐 확실성을 포기하는 것이 좋다. 근거 없는 믿음과 주관적 확신에 매달리는 태도는, 자칫 큰 위험을 초래할 수 있다.

6, 이 세계가 원인 없이 생겨날 수 없었을 거라고 생각할 이유가 없다. 이 세계는 늘 그렇게 존재해 왔다고 생각하면 안 될 이유도 없다. 이 세계가 하나의 출발점을 가지고 있다고 생각할 이유 역시 없다. 사물들이 반드시 출발점을 가져야 한다는 생각은, 우리의 상상력이 참으로 빈곤하기 때문에 생긴 것이다. 모든 일에 원인을 찾는 것은 시간 낭비다.

7, 언제는 합리적으로 생각하다가, 또 언제는 비합리적으로 생각하지 말라. 비합리적인 사고를 허용하지 않겠다는 확고한 결심을 갖고, 깊이 있게

관찰하여 그것이 자신을 지배하지 못하게 하라. 비합리적인 사고가 의식 속으로 어리석은 생각이나 감정을 밀어 넣으려 한다면, 그 어리석은 생각이나 감정을 뿌리째 뽑아, 낱낱이 파헤친 다음 내던져 버려야 한다.

8, 반드시 합리적인 인간이 되어야 한다. 합리성은 내면 조화의 중심부이기 때문에, 합리적인 사고를 하는 사람은 내면의 갈등으로 늘 시달리고 있는 사람들보다, 훨씬 더 자유롭고 깊이 있게 세상 일에 대해 생각할 수 있다. 자신의 목적을 성취하는 데 열정을 쏟아부을 수 있다.

9, 개인이 자신의 기준에 의지해, 기쁜 삶을 살며 행복을 누릴 수 있으려면, 자신의 이성이 말하는 내용에 대해 깊이 느끼고, 곰곰이 생각해 봐야 한다. 합리적인 확신에 도달했다면, 그 결과를 철저히 추구하여, 새로운 확신과 일치하지 않는 낡은 확신이 여전히 남아 있지는 않은지 탐색해 보고, 남아 있다면 깨끗이 지워야 한다.

10, 너 자신을 믿어라. 너 자신이 이성적으로 판단한 것에 대해 확고한 결심을 세워라. 아무 근거도 없는 비합리적인 생각이 거리낌 없이 출몰하지 못하게 통제하라. 그리고 만약 출몰하더라도, 그런 생각에 단 한순간도 마음을 빼앗기지 말라.

11, 매 순간 스스로 생각하는 버릇을 들여라. 생각이야말로 가장 위대하고

자유로운 세상의 빛이자, 인간에게 주어진 최고의 영광이다. 그럼에도 대부분의 사람은, 스스로 생각해 보기도 전에 죽음을 맞는다.

20

지식은 마음을 평화롭게 한다

1, 사고든 행동이든 믿음이든, 지나친 것은 매우 위험한 행태다. 이 복잡한 세상에서 잘 살아가기 위해 꼭 필요한 다섯 가지가 있다. 하나, 외부의 견해로부터 벗어나 자유롭게 사고하는 습관. 둘, 언제든 의문을 제기하는 마음 자세. 셋, 다양한 관점들에 공정할 수 있는 자유로운 정신. 넷, 언제나 보다 합리적인 것을 추구하는 태도. 다섯, 침착하고 차분하게 숙고할 수 있는 능력이다.

2, "무용한 지식"도 쓸모가 있다. 숙고하는 습관을 조성해주기 때문이다. 세상엔 사전에 적절히 숙고해 보지도 않고 하는 행동이나, 지혜로운 사람이라면 하지 말라고 충고했을 법한 행동에 이르기까지, 너무도 많은 성급함이 존재한다. 이러한 성급함이 삶의 질을 떨어뜨리는 것이다.

3, 숙고하는 습관의 이점은 아주 사소한 것에서부터, 가장 심오한 것에 이르기까지 폭넓게 걸쳐 있다. 기차를 놓쳤다든지, 걸핏하면 동료와 다툰다든지 하는 작은 번민들을 떠올려 보라. 이런 고민거리는 모든 불행에 비하면, 별로 생각할 가치도 없는 것으로 보인다. 하지만 바로 이런 일들에서 생기는 짜증이, 많은 사람의 좋은 성격과 즐거운 인생을 망쳐 놓는 원흉이다.

4, 어떤 문젯거리와 약간의 연관이 있을 뿐인 동떨어진 지식에서도, 큰 위안을 얻을 수 있다. 설사 그 문제와 아무 연관 없는 지식이라 하더라도, 최소한 현재의 골칫거리를 머릿속에서 지워 버리는 데는 커다란 도움이 된다. 적어도 감정에 지배당하지 않을 수 있다.

5, 인생이 무미건조해지고, 가혹해지고, 사소한 자기주장으로 가득 차게 되는 것을 막기 위해선, 다른 대체물이 필요하다. 그 대체물 중 가장 유용한 것이 지식이다. 지식은 불쾌한 일을 덜 불쾌하게 만들 뿐 아니라, 유쾌한 일을 더 유쾌하게, 즐거운 일을 더 즐겁게 만들어 준다.

6. 행동보다 사고, 즉 지식에서 기쁨을 찾아내는 습관은 어리석음을 막아주고, 과도하게 힘을 추종하는 현상을 방지해주는 보호막이다. 불행할 땐 평온을, 번잡할 땐 안정을, 근심에 싸였을 땐 마음의 평화를 유지할 수 있도록 도와주는 수단이다.

7, 우리에게 가장 필요한 지식은 어떤 특정 정보가 아닌, 전체 시각에서 본 인생의 목적에 관한 지식이다. 여기에는 예술, 역사, 영웅적인 이들의 인생 접하기, 우주 차원에서 볼 때 인간은 하루살이 같은 존재에 불과하다는 사실에 대한 이해 등이 포함된다.

8, 이러한 지식은 인간 특유의 것에 대한 자부심을 불러일으키는 동시에, 이해하고 아는 힘, 도량 있게 느끼는 힘, 올바르게 사고하는 힘을 키워준다. 개인적인 감정이 아닌, 비개인적인 감정과 결합된 폭넓은 인식으로부터 비로소 지혜가 솟아 나올 수 있다.

9, 꼭 필요한 활동을 하면서도, 세계를 정확하게 파악하는 일은 아주 중요하다. 인간은 그리 길지 않은 시간 동안 이 세상에 존재한다. 그러므로 인간은 짧은 일생 동안, 이 이상한 행성과 이 행성이 우주 안에서 차지하는 위치에 대해 알아야 하는 것은 뭐든지 습득해야 한다.

10, 비록 불완전한 지식이라고 해도, 그것을 얻을 수 있는 기회를 무시하는 건, 극장에 가서 연극엔 귀를 기울이지 않는 것과 같다. 세상은 비극적이거나 희극적인 것, 영웅적인 것, 기괴하고 신비한 것들로 가득하다. 세상이 보여주는 이런 수많은 구경거리에 전혀 흥미를 갖지 못하는 사람은, 삶이 베푸는 여러 특권 중 하나를 자발적으로 포기하는 셈이다.

11, 배움에 있어선 어린아이로 돌아가라. 어린아이는 보고 듣는 모든 것에 흥미를 느낀다. 아이의 눈으로 바라보면, 세상은 놀라운 것들로 가득 차 있다. 아이는 자신의 호기심을 채우기 위해 쉬지 않고 열심히 탐구한다. 관심을 끄는 대상이라면 무엇이든 좋으니, 어린아이가 되어 보라.

21

걱정 속에서도 마음의 안정을 찾는 법

1, 감정이 복잡할 땐 생각을 단순화해야 한다. 복잡한 감정이란, 강물의 거품 같은 것이다. 강물의 거품은 고요히 흘러가는 강물의 흐름을 막는 장애물 때문에 생긴다. 장애물이 가로막지 않는 한, 강 표면엔 잔물결이 일지 않는다.

2, 단순히 두뇌 활동이나 근육 활동을 많이 해서 생긴 피로는, 수면을 통해 해결할 수 있다. 사실 사람을 가장 상하게 하는 것은 과로가 아니다. 실제로 사람을 심각하게 손상시키는 것은, 특정한 종류의 걱정이나 불안, 즉 감정적 피로다.

3, 대부분 인간이 자신의 생각을 통제하는 데 몹시 서투르다. 도무지 어쩔 도리가 없는데도, 걱정거리에 매달려 끝없이 고민한다. 피로는 대부분 이

런 걱정에서 비롯된다. 하지만 조금 더 낙관적 사고를 가지고, 정신적 훈련을 약간만 거치면 지나친 걱정을 예방할 수 있다.

4, 걱정이나 짜증은 어떤 도움도 되지 않는 감정이다. 일의 실패나 불행한 결혼 생활 등 고통을 참아낼 수 있게 해 주는 것은 비개인적이며, 원대한 희망에 집중하는 태도다. 이런 태도만 지닌다면, 기차를 놓치거나 진창 속에 우산을 떨어뜨리는 일 따위는 아무것도 아니게 된다.

5, 자기중심적 사고에서 벗어나면, 자신의 자아가 세상에서 그리 큰 부분을 차지하지 못한다는 사실을 깨닫게 된다. 자신의 생각과 희망을, 자아를 넘어선 어떤 것에 집중시킬 수 있는 사람은, 일상의 걱정거리 속에서도 얼마든지 마음의 안정을 찾을 수 있다.

6, 자신의 행동은 자신이 생각하는 것만큼 중요하지도 않으며, 자신이 성공하느냐 실패하느냐 같은 것 또한 전혀 중요한 일이 아니다. 사실 지금 걱정하고 있는 문제의 대부분이, 별로 대단치 않은 것이란 사실을 깨닫는 것만으로도, 상당히 많은 걱정을 줄일 수 있다.

7, 밤은 내일의 문제에 대처하기 위해, 원기를 회복해야 하는 시간이다. 그런데 많은 사람이 그 시간에 당장 아무것도 할 수 없는 문제를 가지고, 마음속에서 끊임없이 되새긴다. 그것도 건전한 행동 노선을 구상하는 게 아

니라, 불안한 상념에 반쯤 제정신을 잃고 고민한다.

8, 깊은 밤중의 광기는 아침까지 그대로 남아 판단을 흐리게 하며, 기분을 상하게 하고, 사사건건 격분하게 만든다. 그렇기에 현명한 사람은 고민하는 것이 효과가 있을 때만 고민한다. 고민해도 전혀 효과가 없을 땐 다른 생각을 하며, 밤에는 되도록 아무 생각도 하지 않는다.

9, 더할 나위 없이 행복한 생활도 꼬일 때가 있는 법이다. 이런 어려움에 처했을 때 걱정의 원인이 아닌, 다른 일에 흥미를 가질 수 있는 능력이 존재한다는 건 대단히 큰 은혜다. 걱정은 되지만, 당장 어떤 해결책도 없는 어려움에 처했을 때, 누군가는 장기를 두고, 누군가는 소설을 읽고, 누군가는 학문에 열중하며 마음을 달랜다.

10, 이런 이들은 모두 현명한 사람들이다. 반면 기분을 전환할 수 있을 만한 일은 하지 않고, 걱정에 치여 옴짝달싹하지 못하는 사람들은 현명하지 못한 것이다. 이들은 문제 해결을 위해 행동이 필요한 그 순간에 발휘해야 할 힘을, 쓸데없이 소진하고 있는 셈이다.

11, 인생이 항상 좋을 수만은 없다. 누구도 슬픔의 손아귀에서 벗어나지 못하기에, 그때를 대비한 자신만의 기분 전환 방법이 꼭 필요하다. 자신이 슬픔에 잠기도록 그냥 놔두는 건, 전혀 바람직하지 못하다. 슬픔은 피할 수

없는 것이며, 당연히 찾아올 것임을 예상하고 있어야 한다. 그리고 슬픔이 찾아왔을 때, 그 슬픔을 최소화하기 위해 할 수 있는 일은 무엇이든지 전부 찾아서 해야 한다.

12, 너무 고민하거나 크게 걱정하지 마라. 인간은 아무리 큰 슬픔이라도 이겨 낼 수 있다. 마치 인생의 모든 행복을 끝장나게 할 것처럼 보이던 심각한 고민도, 시간이 지남에 따라 차츰 사그라진다. 나중에는 그 고민이 얼마나 강렬했었는지조차 기억하지 못하게 된다.

13, 걱정의 지배에서 벗어나게 된 사람은, 늘 짜증 내던 때에 비해 인생이 훨씬 즐겁다는 것을 알아채게 될 것이다. 예전 같았으면 비명을 지르고 싶게 만들던 친구들의 개인적인 특성도, 그저 재미있게만 여겨질 것이다. 삶에 얼마나 여유가 생기는지 깜짝 놀랄 것이다.

14, 위대한 정신의 힘을 발휘하라. 위대한 정신을 발휘할 수 있는 사람은, 우주의 구석구석으로부터 불어온 바람이 자유롭게 드나들 수 있도록, 마음의 창을 활짝 열어 놓는다. 이런 사람은 인간적 한계가 허용하는 만큼, 자신과 인생과 세계를 올바르게 바라볼 것이다. 인간의 생명은 짧고 하잘것없지만, 인간의 정신엔 우주 안에 존재하는 모든 가치 있는 것이 집약돼 있다는 점을 인지하고 있을 것이다.

15, 세계를 반영하는 정신을 가진 인간은, 어떤 의미에선 세계만큼 위대한 존재가 된다. 그는 상황에 따라 움직이는 인간에게 필히 따라다니는 두려움을 덜 느끼기에, 강렬한 기쁨을 더 느낄 것이다. 표면적 생활이 갖은 곡절을 겪는다고 해도, 깊은 본질에서는 늘 행복한 사람일 것이다.

행복한 인생이란 조용한 인생이다.

진정한 기쁨은
조용한 분위기 속에서만 깃들기 때문이다.

22

\

두려움과 공포를 이기는 최고의 방법

1, 두려움을 정복하는 것은 매우 중요한 일이다. 두려움은 그 자체로 모욕적이기 때문이다. 두려움은 쉽사리 집착으로 변한다. 또한 두려움은 그 대상에 대한 증오를 낳으며, 증오는 무모하게도 지나친 잔혹 행위로 이어질 때가 많다. 두려움이 모든 미신의 근본이며, 잔인함의 근원이다. 따라서 두려움을 정복하는 것이 지혜의 시작이다.

2, 걱정도 두려움의 한 형태이며, 모든 두려움은 피로를 빚어낸다. 두려움에서 벗어나는 방법만 익힌다면, 일상생활의 피로가 엄청나게 주는 것을 느끼게 될 것이다. 또한 두려움은 내가 직면하기 싫어하는 위험이 닥칠 때도 생기는데, 이것이 무엇보다 해로운 형태의 두려움이다.

3, 어떤 이들은 두려움을 극복하는 데 잘못된 방법을 사용한다. 두려움이

들 때마다, 다른 생각을 하려고 노력한다. 하지만 모든 두려움은 그것을 직시하지 않으면 더욱더 심해진다. 생각을 다른 데로 돌리려고 노력하는 것은, 시선조차 주고 싶지 않은 어떤 무서운 것에 대한 두려움을 오히려 부추기는 꼴이다.

4, 모든 종류의 두려움을 극복하는 최고의 방법은, 이성적으로 아주 침착하게, 그러나 매우 집중적으로 그 두려움에 대해 생각하는 것이다. 그러다 보면 그 두려움에 친숙한 감정이 생긴다. 이때 두려움의 칼날은 무뎌지고, 따분한 것으로 변하며, 두려움에서 벗어나 사고할 수 있게 된다.

5, 어떤 문제든 쉽게 떨쳐 버리지 못할 때, 가장 좋은 방법은 그 섬뜩한 마력이 힘을 잃을 때까지, 보통 때보다 훨씬 강도 높게 그 문제를 생각하고 또 생각하는 것이다. 용기 있게 계속 직면하다 보면, 어느 순간 그 문제에서 자연스레 벗어나 있음을 깨닫게 될 것이다.

6, 모든 공포는 인간을 외부적 힘의 노예로 느끼게 만든다. 그리고 노예적 정신 상태에서는 어떤 좋은 결과도 나올 수 없다. 공포를 어떻게 극복해야 할까? 공포를 일으키는 대상을 단호하게 주시하는 것이 유일한 처치법이다. 그것을 똑바로 보고, 자신에게 이렇게 말하라. "그래, 좋아. 그런 일이 일어날지도 모르지. 근데 그게 어쨌다는 거지?"

7, 사고의 크기를 넓혀 보라. 개인적 삶을 넘어 희망과 소망을 폭넓게 확장하는 사람은, 그보다 제한적인 욕망을 가진 사람이 품는 것과 같은 공포에 시달릴 일이 없다. 그는 자신이 죽으면 다른 이들이 자신의 일을 계속할 것이며, 막대한 재앙들조차 조만간 극복될 거라 사유할 수 있기 때문이다. 생각의 범위를 확장하면, 공포의 위력은 약해진다.

8, 용기를 가져야 한다. 모든 형태의 용기는 존중받아 마땅하다. 용기가 많을수록 걱정은 줄고, 따라서 피로도 준다. 사람들이 겪는 정신적 피로의 대부분은, 의식적 혹은 무의식적인 두려움에서 비롯되기 때문이다. 내면의 용기를 끌어내라, 그리하여 두려움을 꺾어라.

23

권태를 견딜 수 있는 능력은 필수다

1, 권태는 즐거운 일이 일어나지 않아서 느끼는 게 아니다. 이날이 다른 날과 다르다는 사실을 깨달을 수 있을 정도의 사건만 생기면, 권태로부터 벗어날 수 있다. 이런 사건이 일어나지 않을 때 권태에 빠지게 되는 것이다. 즉, 권태의 반대는 즐거움이 아니라 자극이다.

2, 권태란 인간이 당연히 겪어야 하는 운명의 일부가 아니다. 자극을 찾아나설 수 있는 정도의 단호함만 있으면, 얼마든지 피할 수 있는 것이다. 중요한 것은, 그 자극이 절대 지나쳐선 안 된다는 것이다. 전날 밤의 즐거움이 크면 클수록, 아침의 권태는 더욱 깊어지게 마련이다.

3, 자극이 지나치게 많은 삶은 밑 빠진 독이나 다름없다. 이런 상태에서 사람은 환희에 가까운 갈격이야말로, 즐거움의 필수 요소라고 생각하게 된

다. 따라서 그러한 감격을 끊임없이 느끼기 위해, 점점 더 강력한 자극을 찾을 수밖에 없게 되는 것이다.

4, 지나친 자극에 익숙해져 버린 사람은, 후추를 병적으로 좋아한 나머지, 남들이 보기엔 숨이 막힐 정도로 많은 후추를 먹어도, 정작 본인은 아무 맛도 느끼지 못하게 된 사람과 비슷하다.

5, 지나치게 많은 자극은 건강을 해칠 뿐만 아니라, 모든 종류의 즐거움에 대한 감각을 무디게 만든다. 근본적인 만족감을 표면적인 쾌감으로, 지혜를 얄팍한 재치로, 아름다움을 생경한 놀라움으로 바꿔 버린다.

6, 물론 일정한 양의 자극은 건강에 이롭다. 하지만 모든 일이 그렇듯, 문제는 그 양에 있다. 자극이 너무 적으면 병적인 갈망을 자아내고, 너무 많으면 심신을 황폐하게 만든다. 그러므로 어느 정도의 권태를 견딜 수 있는 힘은, 행복한 삶에 있어 필수적인 것이다.

7, 생각해 보라. 훌륭한 책들은 모두 지루한 부분이 있고, 위대한 삶에도 재미없는 시기가 있다. 아무리 훌륭한 소설이라도, 지루한 대목은 반드시 있는 법이다. 첫 페이지부터 마지막 페이지까지 시종일관 재미만 넘치는 소설은, 훌륭한 소설이라고 말할 수 없다.

8, 위인들의 삶 역시 몇몇 시기를 빼놓곤, 흥밋거리가 전혀 없다. 조용한 삶이 위인들의 가장 큰 특징이다. 위인들이 누렸던 기쁨은 일반적인 사람들이 볼 때, 결코 흥미진진해 보이지 않는 것들이었다. 끈질긴 노력 없이 위대한 성취를 이룰 수는 없는 법이다.

9, 위대한 성취를 이루는 일은, 고도의 정신 집중을 필요로 하는 어려운 일이다. 그렇기에 위인들에겐 많은 정열을 요구하는 오락에 쏟을 만한 활력이 남아 있을 턱이 없었다. 예외가 있다면 시간적 여유가 있을 때, 건강 회복을 위한 등반 정도가 전부였다.

10, 어떤 성과를 얻기 위해선, 반드시 지루함을 견뎌 낼 수 있어야 한다. 어느 정도의 지루함을 참아 내지 않고선, 유의미한 결과를 만들 수 없다. 만약 누군가가 진지하고도 건설적인 목적을 가진 채, 권태가 꼭 견뎌 내야 하는 것임을 제대로 이해한다면, 엄청난 양의 권태라 해도 자진해 참아낼 수 있을 것이다.

11, 참을성이 적은 사람은 그만큼 삶에 약한 사람이다. 겨울을 참고 견디는 나무가 봄에 새순을 피우듯, 참고 견디는 힘이 없으면 사람은 광명을 얻지 못한다.

12, 멀리 있는 목적보다, 늘 당장의 즐거움에만 관심이 쏠리는 사람이 지루

함을 못 견딘다. 이런 사람이 많아진다면, 그 세대는 소인배들의 세대, 자연에서 볼 수 있는 느린 변화의 섭리와 동떨어진 세대, 모든 생명력이 마치 꽃병의 꽃처럼 서서히 시들어가는 세대가 될 것이다.

13, 모든 사람은, 어린 시절부터 단조로운 삶을 견디는 능력을 길러야 한다. 특별한 때를 제외하고는, 날마다 비슷한 생활을 유지하는 것은 중요한 일이다. 즐거움이란 자신의 노력과 창조력에 의지해, 일상 속 환경으로부터 스스로 찾아내야 하는 것이다.

14, 권태의 예방책으로 가장 적절하고 훌륭한 것은, 바로 일하는 것이다. 재미는 없어도 꼭 필요한 일을 하는 동안에 느끼는 권태는, 하는 일 없이 허송세월하는 사람이 느끼는 권태에 비하면 아무것도 아니기 때문이다. 가만히 앉아 쾌락만 찾지 말고, 무슨 일이든 좋으니 일하라.

15, 어떤 일이든지 무언가를 한다는 건 만족감을 준다. 이런 만족감이 있기에 지루한 일이나마 할 일이 있는 사람은, 아무 일도 안 하는 사람에 비해 훨씬 큰 행복을 누릴 수 있다. 만약 재미있기까지 하다면 권태감을 덜어줄 뿐 아니라, 보다 높은 차원의 만족감을 느낄 수 있다.

24

행복과 번영을 누릴 수 있는 비결

1, 행복과 번영을 누릴 수 있는 가장 확실한 비결은, 바로 "열정"이다. 그리고 언젠가는 그 열정을 가로막는 장애물에 직면하게 될 것이다. 그때 그것을 뛰어넘으려면, 건강과 넘치는 활력 또한 가지고 있어야 한다.

2, 상황이 아무리 달라진다고 해도, 인생에 대한 열정을 가진 사람은, 열정이 없는 사람에 비해 훨씬 더 행복하고, 모든 면에서 압도적으로 유리하다. 이런 사람에게는 슬픔도 소중한 자극이 되며, 불쾌한 경험조차 쓸모가 있다.

3, 지금 당장 자기 안에서 나와 밖으로 나가라. 자기 안에 갇혀 지내는 것은 대단히 따분한 일이지만, 바깥 세계를 향해 관심을 돌려, 거기서 어떠한 목적을 찾아 열정과 열망을 느끼는 것은 대단히 즐거운 일이다.

4, 대부분의 사람은 어떤 것에 열정적인 흥미를 가질 능력을 지니고 있으며, 어떤 것에 대해 진지한 관심이 생기는 그 순간, 인생은 즉시 지겨움이라는 옷을 벗는다.

5, 사람은 외부 세계에 대해 자연스러운 흥미를 유지할 수 있다. 흥미를 유지하는 한, 자유가 부당하게 침해되는 경우를 제외한다면, 인생은 재밌는 것이라고 생각할 수 있다. 인간의 삶에는 반드시 자유가 필요하고, 자유가 있다면 얼마든지 즐거울 수 있는 것이다.

6, 생활력과 열정을 가진 사람은, 만약 한 가지 관심 분야에서 좌절을 겪게 되더라도, 인생과 세계에 대해 가지고 있는 관심사 하나하나를 협소하지 않게 계속 유지만 한다면, 어떤 위기 상황이 닥쳐도 그 불행을 극복해낼 수 있다.

7, 참고로 어떤 열정은 불행의 원천이 되기도 한다. 그러지 않기 위해선 이것들을 반드시 기억하라. 건강을 소홀히 하지 않을 것. 자기 능력을 전체적으로 보존할 것. 생계유지에 충분한 소득을 유지할 것. 가정에 대한 책임 등 가장 근본적인 사회적 의무를 완수할 것.

8, 열정, 사랑, 우정, 관용, 자비심 같은 감정들은 모두 행복한 인생을 구성하는 핵심적인 부분이다. 이런 감정들로 충만한 인생은 자신은 물론이고,

남들에게도 행복을 가져다줄 수 있다. 행복하고 싶다면, 행복할 수 있도록 살아야 한다. 누구보다 뜨거운 삶을 살아라!

25

확실히 불행을 불러들이는 다섯 가지

첫째, 죄의식

1, 죄의식에서 빠져나와라. 죄의식이야말로 불행인 동시에, 어떤 종류의 유용한 목적에도 도움 되지 않는 왜곡의 근원이다. 죄의식 안에는 절망감이 존재하고, 자신감을 갉아먹는 감정이 깃들어 있다. 그리고 자신감을 잃는 것은, 자신이 경험할 수 있는 세계의 영토를 잃는 것이다.

2, 죄의식은 바람직한 생활의 원동력이 되지 못한다. 죄의식을 느끼는 사람의 삶은 참담하다. 이런 사람은 죄의식 때문에 괴로워하고, 자신을 열등한 존재로 여긴다. 또한 자신의 불행 때문에 다른 사람들에게 무리한 요구를 하기 쉽고, 그렇기에 대인관계에서도 기쁨을 얻기 어렵다.

3, 거다가 열등감은 너무 위험한 감정이다. 열등감을 느끼는 사람은, 자신

보다 우월해 보이는 사람들에게 그냥 원한을 품는다. 남을 칭찬하기는 망설여하면서 시샘은 쉽게 한다. 이런 사람은 다른 사람들에게 늘 불쾌감을 주기 때문에, 갈수록 외톨이가 될 수밖에 없다.

둘째, 질투

1, 질투는 인간의 여러 가지 특징 중에서 제일 불행한 것이다. 질투가 강한 사람은, 타인에게 불행을 안기고 싶어 한다. 그런데 정작 질투하는 자신만 훨씬 불행하게 된다. 그는 자신이 가지고 있는 것에서 즐거움을 얻는 대신, 남들이 가진 것만 보면서 매일 괴로움을 얻기 때문이다.

2, 질투라는 격정이 멋대로 날뛰도록 방치할 경우, 모든 장점에 대해서, 심지어 남다른 능력을 가장 유용하게 사용하는 것에서조차 치명적인 해를 끼칠 것이다.

3, 질투는 도덕적으로나 지적으로나 나쁜 것이며, 그 결과는 무서운 것이다. 질투는 사물을 있는 그대로 보지 않고, 사물 사이의 관계를 통해 보려는 데서 생긴다. 다시 말해, 질투는 비교에서 나온다. 비교는 아무 의미도 없는, 어리석은 짓 중에서 가장 어리석은 짓이다.

4, 매사를 비교하는 습관은, 대단히 잘못된 최악의 버릇이다. 즐거운 일이 생기면 그 일을 충분히 즐겨야지, 그 일이 타인에게 일어나는 일에 비해 즐

접지 않은 것이라 여기며 머뭇거리지 마라. 현명한 사람은 누군가 가지고 있는 어떤 것으로 인해, 자신의 즐거움을 망치지 않는다.

5, 질투나 비교처럼 나쁜 것으로부터 좋은 결과가 나오리라 절대 기대할 수 없다. 나쁜 일은 저마다 서로 연관되어 있다. 한 가지 나쁜 일은, 반드시 다른 나쁜 일을 불러일으키는 원인이 된다. 그야말로 악순환의 굴레가 되어버린다. 이런 나쁜 것은 하루빨리 고쳐야 한다.

6, 단지 어떤 일에 성공했다고 질투에서 벗어날 수는 없다. 세상엔 나보다 더 성공한 사람이 항상 존재하기 때문이다. 그저 자신이 마땅히 해야 하는 일을 하며, 거기서 찾아오는 즐거움을 누려라. 자신보다 훨씬 행복할 거라고 상상하는 사람과 비교하는 버릇은 버려라. 어차피 엄청난 착각이다.

7, 질투에 대한 가장 훌륭한 치료법은, 정신 수양을 통해 쓸데없는 생각을 하지 않도록 버릇을 들이는 것이다. 질투는 나쁜 것이라는 인식이 있으면 통제할 수 있다. 궁극적으로 보자면, 행복보다 더 탐나는 것이 어디 있는가? 질투하는 버릇을 고칠 수만 있다면 행복을 얻을 수 있고, 따라서 남들에게 부러움의 대상이 될 것이다.

8, 만약 의도치 않게 질투가 고개를 들 땐 기억하라. 질투는 깜깜한 밤길을 걸어가고 있는 사람이 겪는 영웅적 고통의 표현이기도 하다는 것을. 그

길은 어쩌면 더 나은 보금자리에 이르는 길이 될 수도 있고, 죽음과 멸망에 이르는 길이 될 수도 있다. 중요한 것은 다루는 방식이며, 선택과 책임은 자신의 몫이다.

셋째, 피해망상

1, 가벼운 피해망상이라도 불행의 원천이 된다. 하지만 이는 스스로 극복할 수 있다. 혼자 힘으로 이 문제를 극복하기 위해선, 문제를 올바르게 진단하고, 문제의 원인은 자신에게 있으며, 자신이 가상으로 지어낸 타인의 적의 혹은 불친절에 있는 게 아니라는 사실을 깨달아야 한다.

2, 개연성의 법칙에 입각한다면, 사람들이 생활하며 겪는 냉대는 그 양에 있어 엇비슷하기 마련이다. 어떤 사람이 혼자만 세상 모든 사람에게 해코지를 당한다면, 그 사람 자신이 그런 일을 자초할 만한 원인을 가지고 있을 가능성이 크다. 즉, 자신이 실제로는 입지도 않은 피해를 입고 있다고 가정하고 있거나, 아니면 무의식중에 남들이 참을 수 없을 정도로 짜증 나는 행동을 하고 있을 확률이 높다.

3, 모든 사람이 자기만 해코지한다고 생각한다면, 결코 행복한 삶을 살 수 없다. 그러므로 피해망상을 극복하는 일은, 행복을 달성하는 데 있어 아주 중요한 부분이다.

4, 다른 사람이 너에 대해 생각하는 시간은, 네가 자신에 대해 생각하는 시간에 비해 훨씬 적다는 점을 알아야 한다. 피해망상에 시달리는 사람은, 모든 사람이 낮이나 밤이나 할 것 없이, 자신을 해코지하는 데만 집중하고 있다고 상상한다. 실제로 모든 사람은 각자 나름대로 직업과 관심거리를 가지고 있기 때문에, 남을 해코지하는 데 집중할 여력이 없다.

5, 자기가 아는 수많은 사람이 모두 자신에 대해 생각하고 있다고 상상한다면, 그 사람은 정신병으로 향하는 길목에 서 있는 셈이다. 또한 자신과 아무 관련도 없는 행동이나 말을, 모두 자신과 관련된 것으로 여기지 말라. 인간 본성은 자기중심적이라, 남들에게 거의 관심이 없다는 사실을 명심하라.

6, 완벽한 인간이 되고 싶다는, 애초에 불가능한 희망도 버려라. 그러지 않으면, 자신이 완벽하지 못하다는 생각 때문에 극심한 고통을 겪게 된다. 피해망상은 늘 자신이 가진 장점을 지나치게 과장하는 태도에서 비롯된다. 자신의 장점을 과대평가하는 건 현명하지 못한 일이다.

7, 자신의 능력을 과대평가하지 않는 사람이 행복을 느낀다. 자신을 과소평가하는 사람은 언제나 뜻밖의 성공에 놀라게 되고, 과대평가하는 사람은 뜻밖의 실패에 놀라게 된다. 뜻밖의 성공으로 인한 놀라움은 즐거운 것이지만, 실패로 인한 놀라움은 불쾌한 것이다. 진취성을 잃을 정도로 지나친 겸손은 삼가되, 지나치게 자만하지 않는 이가 지혜로운 사람이다.

넷째, 허영심과 권력욕

1, 인간에게 자기도취는 어느 정도까지는 정상적이며, 탓할 수도 없는 것이다. 하지만 지나친 자기도취는 거대한 해악이 된다. 허영심이 일정 한계를 넘어서면, 모든 활동에서 얻을 수 있는 즐거움을 말살해 버린다. 허영심이 지나친 사람은, 결국엔 무기력과 권태에 빠지게 되어 있다.

2, 허영심은 사실 자신감이 부족한 데서 비롯되는 경우가 많다. 부족한 자신감을 허영으로 감추게 되는 것이다. 따라서 자신감을 기르면 허영심을 치료할 수 있다. 그리고 자신감을 기르는 방법은, 외부적인 대상에 대한 관심으로 시작한 어떤 활동에서 성공을 거두는 것뿐이다. 작든 크든, 성공한 모든 경험은 자신감의 씨앗이다.

3, 권력욕을 억제하라. 권력에 대한 사랑이 도가 지나치거나, 뒤떨어진 현실감각과 결합될 때는 큰 문제가 발생한다. 이런 상황에 빠진 사람은 틀림없이 불행한 인간이 되거나, 어리석은 인간이 되거나, 그렇지 않으면 불행하면서 어리석은 인간이 된다.

4, 인간은 전지전능한 존재가 아니므로, 권력에 집착하는 삶은 언젠가 극복할 수 없는 장애에 부딪히기 마련이다. 적정선을 지키는 권력은 약간의 행복감을 안겨줄 수도 있겠지만, 삶의 유일한 목적으로 둔갑한 권력은, 외적 파멸을 일으키지 않을지는 몰라도 내적 파멸은 절대로 피할 수 없다.

5, 자신이 황제라고 생각하는 정신병자는, 어떤 의미에선 행복할지도 모르겠다. 하지만 그런 종류의 행복은, 온전한 정신을 지닌 사람들이라면 조금도 부러워하지 않을 행복이다.

다섯째, 자극적 쾌락

1, 감정적 피로는 보통 어떤 자극에 집착하는 데서 생긴다. 만약 여가 시간을 숙면하는 데 투자한다면, 피로도 덜 느낄 것이다. 하지만 따분한 근무를 마치고 난 뒤, 많은 사람이 자유 시간만큼은 즐겁게 지내야 할 필요가 있다고 생각한다. 그래서 쾌락과 자극을 찾아 나선다.

2, 문제는 우리가 쉽게 접할 수 있고, 겉보기에 너무나 매혹적으로 보이는 쾌락과 자극의 대부분이 신경을 혹사시킨다는 점이다. 자극에 대한 욕구가 일정 한계를 넘어선다면, 그것은 왜곡된 성격이나 본능적 불만족의 확실한 징후다.

3, 지나친 탐닉은 건강을 해치고, 찰나의 쾌락을 즐긴 대가로 오랜 불행을 겪게 된다. 다른 모든 걸 포기하고 한 가지 욕망만 추구하는 사람, 뭔가에 중독됐거나 집착하는 사람은 심리적으로 큰 문제를 가지고 있으며, 대개 공포의 대상으로부터 달아나고자 하는 사람이다.

4, 포르노, 도박, 술에 빠지는 등의 지나친 탐닉은 능률을 감소시키고, 모든

방면의 발전을 가로막는다. 결국 자신과 타인 모두에게 불만족스러운 행동으로 이어진다. 스스로 불행을 불러들이는 꼴이다. 이런 사람에게 행복이 머물 수 있는 자리란 존재하지 않는다.

5, 자극적 쾌락은 행복에 이르는 길이 아니라는 점을 명심해야 한다. 그것은 자멸하는 길이다. 이런 상황 속에서, 신중한 사람이 취할 수 있는 유일한 방법은 건강을 해치거나, 일과 삶에 방해가 될 만큼 과도하고 소모적인 쾌락에 빠져들지 않도록 현명하게 행동하는 일이다.

6, 만약 그러지 못하고 지나치게 신경을 소모하는 쾌락에 빠져, 그보다 정도가 약한 쾌락엔 어떤 만족도 느끼지 못하는 상태가 된다면, 어느덧 행복은 그림의 떡이 되고 말 것이다.

7, 어떤 것에 대한 취미와 욕망은, 모두 전체적인 인생의 틀에서 절대 벗어나서는 안 된다. 취미와 욕망을 통해 행복을 얻기 위해선, 그 취미와 욕망이 건강과 사랑하는 사람에 대한 애정, 그리고 사회적 명예를 해치는 것이 되어선 안 된다는 점을 기억해야 한다.

8, 잊지 마라. 순간적인 쾌락은 그 쾌락이 끝나고 나면 피로감과 자괴감, 인생이 공허하다는 느낌만 남게 된다는 것을.

루트비히 요제프 요한 비트겐슈타인

Ludwig Josef Johann Wittgenstein, 1889~1951

논리학, 수학, 심리, 언어 철학을 다룬 철학자. 1889년 오스트리아 빈에서 철강 재벌 가문의 막내로 태어났다. 비트겐슈타인은 20세기 가장 독창적이고 영향력 있는 철학자로 평가받으며, 영국 케임브리지 대학에서 학생들에게 철학을 가르치기도 했다. 그는 철학 연구뿐 아니라, 자신의 삶을 윤리적으로 완성하는 데도 가치를 두어, 부친에게 물려받은 막대한 유산을 포기하고, 평생 금욕적이며 단순한 삶을 산 것으로도 유명하다. 생전 저작으로는 《논리-철학 논고》가 유일하며, 1951년 사망했다.

3장

루트비히
비트겐슈타인

삶과 정신

01

인생은 부조리도, 카오스도 아니다

1, 인생은 부조리해 보인다. 인생은 언제나 애매하고, 앞날은 조금도 볼 수 없다. 불쑥 어떤 일이 일어나는, 지도에 없는 굽이지고 어두운 길 같다. 그 길이 어디까지 이어지는지도 분명치 않다. 그렇다 해도 인생은 카오스가 아니다. 부조리가 인생의 실체도 아니다. 인생이 부조리해 보이는 건, 우리 눈에 보이지 않는 심오함이 깃들어 있기 때문이다. 그것을 숙연히 알아차렸을 때, 인생은 신성한 것이 된다.

2, 이 세상에 무슨 일이 일어나든, 자신에게 나쁜 일이 아니라고 말하라. 그렇게 말할 수 있는 사람에겐 어떤 것도 비극이 될 수 없다.

3, 이 하루하루의 삶. 이 소소한 생활. 어제 하루, 오늘 하루 살아가면서 우리는 거의 알아차리지 못하고 있다. 지극히 평범하거나, 고통과 슬픔이 뒤

섞인 상황 속에서도, 한구석엔 아름다운 빛이 피어오르고 있단 사실을. 그것은 꺼지지 않고, 우리 삶을 환히 비추고 있다는 것을.

4, 매너리즘에 빠져 일상에 신물이 난 우리는, 어딘가 먼 곳으로 가면 새롭고 특별한 경험을 할 수 있을 거라 기대한다. 인생에 큰 의미가 될 만한 체험이 어딘가에 있기를 꿈꾼다. 그러나 어디를 가든, 그곳도 결국 타인이 일상을 사는 장소 아닌가? 진정한 수수께끼는 자신의 일상 속에 가득 채워져 있다. 손쉽게 지나가는 매일의 생활 속에 인생과 세계의 깊이가 감춰져 있다. 그걸 깨달았을 때 일상은 완연히 달라지고, 모든 것이 새로워진다.

5, 많은 사람이 신비를 좋아한다. 그런데 주위에 흔한, 지금까지 봐온 것들에 더해선 신비를 느끼지 못한다. 따라서 어젯밤 꿈이나 감성에 대해 이야기하며 '아름다움, 사랑' 같은 것들만 논한다. 제 방에 있는 책상이나 연필에 관해선 조금도 화제에 올리지 않는다. 어째서일까. 평소 사용하는 책상이나 연필, 침대, 구두는 꿈이나 사랑, 감성과 엇비슷하게 신비롭지 않은가? 그런 흔한 것도 신비롭다는 것을 정녕 모른단 말인가?

6, 인생은 저마다의 체험이다. 연습을 통해 익숙해지면, 우리는 세상 살아가는 법을 몸으로 배운다. 어떻게 살아야 할지, 타인이나 책을 통해 아무리 자서한 설명을 들어도 전혀 도움 되지 않는다. 그저 훈련과 시행착오에 익숙해지며 살아가는 기술을 익혀야 할 뿐이다.

7, 아이가 말을 배울 때도 마찬가지다. 어른은 말에 대해 이런저런 설명을 길게 하지 않는다. 반복만 시킨다. 훈련할수록 아이는 말을 더 자유롭게 사용한다. 우리도 사회라는 게임에 아무것도 모른 채 참가했다가, 게임의 룰을 그때마다 체험으로 배워가는 것이다. 그저 각각의 개인이, 각각의 인생을 체험할 뿐이다.

02

좋은 삶, 아름다운 삶을 살아라

1, 나는 한 시간 후에 죽을지도 모르고, 두 시간 혹은 한 달 후, 아니면 몇 년 뒤에 죽을지도 모른다. 나는 내 죽음을 알지 못하며, 그것에 대항하거나 준비하기 위한 어떤 일도 할 수 없다. 인생이란 그런 것이다. 그렇다면 어떤 순간에도 존립하기 위해 나는 어떻게 살아야 하는가? 좋음과 아름다움 속에서 사는 것이다. 삶이 스스로 멎는 그 순간까지.

2, 오로지 죽음만이 인생에 의미를 준다. 네가 너의 종말에 도달했을 때, 훌륭한 죽음을 맞이할 수 있는 그런 삶을 살아야 한다. 좋은 삶을 살아라. 물론 좋은 삶을 산다는 것은 어려운 일이다. 하지만 좋은 삶은 아름답다.

3, 작은 즐거움이나 요행 따위에 매달리지 마라. 그런 한심한 태도로 살아가선 안 된다. 진정으로 당당하게 살아야 한다. 마치 죽음을 두려워하지 않

고 돌진하는 용사처럼, 혼신의 힘을 다해 끝까지 싸워나가야 한다. 한껏 씩씩해져라. 무엇도 너를 지배하지 못하도록.

4, 너는 무엇이 되기 이전에, 반드시 인간이 먼저 되어야 한다. 만약 지금부터 너 자신을 단련하지 않는다면, 너는 그렇게 되지 못할 것이다. 그리고 그렇게 되지 못하면, 네가 무엇이 되든 상관없이 아무에게도 사랑받지 못할 것이다.

5, 삶이 견디기 힘들 때, 많은 사람이 현재 상황을 개선하고자 노력한다. 그러나 가장 중요하고, 무엇보다도 효과적인 개선. 즉, 자기 태도를 바꿔야 한다는 생각은 전혀 하지 못한다. 그것을 결심하기란 너무 어렵기 때문이다.

6, 만일 네가 어떠한 삶을 살아가기로 결정했다면, 그 삶에 관하여 많이 말할 것이 아니라, 너의 생활 태도부터 달라져야 한다는 사실을 명심하라. 삶은 혀가 아닌 태도로써만 변한다.

7, 가능하면 올곧고, 정직하게 살아야 한다. 자신을 속이기란 매우 어려운 일이기 때문이다. 설령 자신을 속였다고 해도, 그동안 뜻하지 않은 무수한 불쾌감을 맛보게 될 것이다.

8, 뭔가를 행하고 나서, 그 결과로 좋고 나쁨이 평가되는 게 아니다. 그렇다

면 시험점수나 비즈니스 매출과 뭐가 다른가. "나쁜 짓 하지 마라"고 말하는 것도 결과가 나쁘다고 판정받거나, 발각되면 벌 받기 때문만이 아니다. 좋은 일도, 나쁜 일도 그 행동 안에 이미 상쾌함이나 벌이 포함되어 있다.

9, 선한 마음으로 살아라. 선한 것은 아름답다. 아름다운 것은 선하다. 이 둘은 결코 나눌 수 없는 하나다. 아름다운 삶이란, 선한 삶을 두고 하는 말이다.

10, 선행을 하고, 너의 그 덕목을 크게 기뻐하라. 어차피 고통받아야 한다면, 네 안에 사는 선악의 다툼에서 선에 가담하는 쪽이 현명하다. 그리고 거기서 생기는 고통을 음미하라. 그것이 네 안에 사는 악과 또 다른 악의 추한 다툼에서 고통스러워하는 것보다 훨씬 낫다.

11, 신의 눈으로 보았을 때 옳다고 할 수 있는 삶의 방식은, 아마 지금과 같은 것이 아닐 것이다. 왜냐하면 지금 너는 기분 좋은 방식으로 살고 있기 때문이다. 그런 기분 좋은 삶의 방식은, 결국 자아와 자존심과 수많은 욕망을 채우기 위해 사는 것이다. 아마 신은 그런 방식이 아닌, 자신의 욕망에서 벗어나 누구보다 진지한 태도로 살아가길 바랄 것이다.

12, 대체 무엇 때문에 안달복달 끙끙거리며 고민하고 있는가? 언제까지 그리 심사가 뒤틀려 있을 것인가? 그 불쾌함과 고민의 원인은 무엇인가? 고

민하고 끊임없이 생각하는 그것을 차분히 응시해 보라. 그 크기를 분명히 측정해 보라. 그러면 이해할 수 있다. 그것이 얼마나 조잡한 것이며, 얼마나 하찮은 것인지. 그런 작은 일에 휘둘려 인생의 대부분을 써 버려도 좋은가?

13, 인간에게 던져진 질문이란 무엇인가. 인간의 본질적 문제란 무엇인가. 그것은 바로 "어떻게 살 것인가?" 하는 물음이다. 인간의 삶은 온기 있는 곳에 안락하게 앉아 있는 것이 아니다. 한곳에 머물지 않고 일어서서 걸음을 멈추지 않으며, 언젠가 반드시 맞이하지 않으면 안 되는 죽음을 향해 시시각각 나아가면서도, '지금을 어떻게 살 것인가' 끊임없이 자문하는 것이다.

14, 이것은 진리다. 네가 지금까지 살아온 것처럼 앞으로도 살아간다면, 세계도 지금까지와 다를 바가 없을 것이다. 그러나 앞으로 네가 살아가는 방식을 바꾼다면, 그에 따라 세계도 새로운 얼굴을 보여줄 것이며, 더욱 커질 것이다.

15, 너와 세계는 별개로 존재하지 않는다. 또 어떤 단단한 세계의 단편에 네가 놓여 있는 것도 아니다. 너 자신이 바로 너의 세계다. 그리고 그곳에 네가 살고 있다. 따라서 네가 살아가는 방식으로 너의 세계는 얼마든지 좋아질 수 있다. 너 자신이 하나의 소우주다.

16, 인간은 어떤 우연에도 좌우되어선 안 된다. 행운에도, 악운에도, 불운

에도. 무슨 일이 벌어지더라도 걱정할 것 없다. 다시 각오를 다잡으면 되는 일이다. 헤쳐나가지 못할 일이란 존재하지 않는다.

17, 눈앞의 미래마저도 완벽하게 불확실한 순간, 오롯이 현재와 정신 안에서만 살아갈 수 없는, 그런 순간이 있다. 그러니 생의 좋은 시간은 은총으로 감사히 영유하고, 그렇지 않은 시간엔 생에 대해 무감각해지는 편이 좋다. 외적 삶의 어려움에 대한 무감각함을 획득하라.

18, 너 자신을 부지런히 돌봐라. 더 강하고, 더 지적인 인간이 되어라. 모든 위력에 대항하여 스스로를 굳건히 지켜라. 결코 너 자신을 잃어서는 안 된다. 자기 자신을 가지고 있다는 것. 그래서 언제든지 자기 자신에게로 도망칠 수 있다는 것은, 정말로 큰 행운이기 때문이다.

19, 인간을 지탱하는 존엄, 자존심이나 위엄 같은 건 단지 숭고한 개념이 아니다. 인간은 그 개념을 충분히 만족할 만한 정상적 신체 조건 하에 가질 수 있다. 의심스러운가? 그렇다면, 어떤 사람을 가두고 그의 손가락, 두 다리, 코, 귀를 잘라 보라. 그가 언제까지 이전처럼 자존심이나 위엄을 유지할 수 있을지. 부단히 건강을 챙겨야 한다. 너의 건강보다 중요한 것은 없다.

20, 미친 듯이 힘이 들 땐, 억지로 뭔가를 하려고 애쓰지 않아도 괜찮다. 마음 푹히 쉬어 보라. 조용한 곳을 찾아, 거기서 원하는 만큼 평온함을 만끽

해 보라. 평온은 생기를 되찾아주는 수면과도 같다.

21. 시간이 부족하다고 슬퍼하지 말라. 시간은 늘어나거나 줄어드는 게 아니다. 시간을 무언가의 양이라 생각하는 버릇 때문에, 시간이 있거나 없다고 생각한다. 중요한 건 시간의 많고 적음이 아니다. '뭘 하는가. 무엇이 일어나고 그것에 자신이 어떻게 맞서는가.' 이런 것들이다. 일어나는 일 없이 시간 따위는 무의미한 것이기에.

22. 역사가 대체 너와 무슨 상관인가? 네 세계가 최초의 세계이며, 유일한 세계인데. 너는 네가 세계를 어떤 모습으로 발견했는지 서술하면 되는 것이다. 다른 이들이 너에게 세계에 대해 말해주는 것들은, 네 세계 경험의 아주 작고 부수적인 일부분일 뿐이다. 세계를 판단하고, 사물을 측정해야 하는 것은 바로 너 자신이다.

23. 세계는 네 의지의 구속을 받지 않는다. 너는 세계의 사건들을 네 마음대로 움직일 수 없으며, 완벽히 무력하다. 그러나 네가 세계의 구속에서 벗어나고, 어떤 의미에선 세계를 다스릴 수 있는 유일한 방법이 하나 있다. 바로 몇몇 사건들에 대해선 영향 미치는 일을 단념하는 것이다. 네가 소망하는 일들이 전부 일어날 수는 없기에.

삶의 문제를 해결하는 확실한 방법

1, 삶에서 문제를 전혀 보지 못하는 사람은 뭔가 중요한 것, 어쩌면 가장 중요한 것을 놓치고 있다는 느낌을 주지 않는가? 그런 사람은 아무 목적 없이 살고 있는 거라고, 두더지처럼 그냥 맹목적으로 살고 있는 거라고 말하고 싶어지지 않는가?

2, 올바로 살고 있는 사람은 문제를 슬픔으로, 즉 문제로 느끼지 않고 오히려 기쁨으로 느낀다. 말하자면 그의 삶을 둘러싼 빛나는 정기로 느끼지, 불확실한 배경으로 느끼지 않는다.

3, 살아 있는 한 수많은 문제가 나타난다. 그 문제와 정면으로 맞서라. 싸워라. 도망치지 말라. 상식을 꺼내 들고 해결하려 들지 마라. 상식은 이렇다며 변명하지 마라. 누구나 알고 있는 상식 가지곤 해결에 이르지 못한다.

문제의 늪에 흠뻑 빠져 발버둥 칠지라도 필사적으로 싸워라. 그리고 마침내 승리하여, 스스로의 힘으로 늪에서 기어 나와라.

4, 어딘가에 문제가 있다면 반드시 해결할 수 있다. 왜냐하면 이미 그것을 문제로 생각하고 있기 때문이다. 어떤 문제라도 결국 작은 물음들의 집합이다. 물음이 있다면 실마리도 있는 법이고, 그로부터 찾아갈 수 있다. 찾아갈 수 있다면 그곳엔 새로운 발견이 있으며, 거기서 물음 하나하나의 해결을 찾을 수 있다. 그렇게 전체로서의 문제는 해결에 도달하게 된다.

5, 질문이 있다면 답을 찾을 수 있다. 왜냐하면 답을 어떻게 구하면 되는지, 그 질문이 이미 분명하게 제시하고 있기 때문이다. 따라서 분명히 질문할 수만 있다면, 가까이에 숨어 있는 답을 향한 길이 또렷하게 보일 것이다. 분명한 질문이 나올 때까지 질문을 멈추지 말라.

6, 대답을 말로 할 수 없다면, 질문도 말로 할 수 없다. 수수께끼란 존재하지 않는다. 물음이 제기될 수 있다면, 대답하는 것도 언제나 가능하다. 그래서 나는 나에게 엉뚱한 질문들을 무수히 던진다. 내가 이 숲속을 뚫고 나아갈 수만 있다면!

7, 부분적인 문제들에 휩쓸리지 말고, 항상 단 하나의 중요한 문제를 전체적으로, 자유롭게 조망할 수 있는 곳에 서 있어라. 비록 그 조망이 아직은

명확하지 않더라도, 가장 중요한 문제에 집중해야 한다. 그것을 해결하지 못한다면, 다른 것들은 아무 의미도 가지지 못한다.

8, 뭐가 잘 풀리지 않는다면, 완전히 다른 쪽으로 상상해보라. 그러면 문제를 전혀 새로운 각도에서 보게 된다. 비옥한 관점을 발견하는 것이 중요하다. 그곳에서 해답이 떠오를 것이다.

9, 온전히 녹슬어 버린 옛날 열쇠로는 더 이상 자물쇠를 풀 수 없다. 하지만 다른 방식으로 새롭게 만들어진 열쇠는 분명히 풀 수 있을 것이다. 문제 해결의 본질적인 열쇠는 '사고방식의 전환'에 있다.

10, 수학 문제는 종이에 쓰면서 푼다. 그걸 보고 문제를 풀었다고 인정한다. 그러나 인생의 문제는 그런 형태, 즉 누구든 이해할 수 있고, 눈에 보이는 방식으로 풀리지 않는다. 그때마다 전혀 다른 형태로, 예상치도 못한 방식으로, 불현듯 혹은 슬그머니 이제껏 생각지도 못한 의미에서만 풀린다.

11, 인생에 까다로운 문제가 있다면, 그건 다음과 같은 것을 말한다. 지금 네가 살아가는 방식이, 본래의 방식과 맞지 않거나 벗어나 있다는 것을. 그 어긋난 부분에서 지금의 문제가 비죽비죽 생겨난다. 어떻게 해야 좋을까? 여하튼 지금 삶의 방식에서 탈피할 것. 지금의 방식을 완전히 바꿔라. 그러면 네가 살아가는 방식은 원래와 잘 맞게 될 것이며, 그때 문제는 감쪽

같이 증발할 것이다.

12, 삶의 문제를 해결하는 가장 확실한 방법은, 바로 그 문제를 사라지게 만드는 방식으로 사는 것이다. 삶이 문제가 된다는 것은, 지금의 삶이 삶의 형식에 맞지 않는다는 의미다. 삶 자체를 바꿔야 한다. 그리하여 삶이 그 형식에 맞게 될 때 문제는 사라진다. 삶의 문제의 해결은, 그 문제의 소멸에서 감지할 수 있다.

13, 땅바닥에 올망졸망 돋은 잡초를 뽑으려 해도, 도무지 감당하기 어려울 때가 있다. 복잡하게 얽힌 큰 뿌리가 땅속 깊이 자리하고 있기 때문이다. 난제란 흔히 이런 식이다. 지금까지의 방식으론 해결할 수 없다. 눈에 보이는 곳만 처리해서는 어찌할 도리가 없다.

14, 삶의 문제는 표면에서 해결되지 않는다. 오직 심층에서만 가능하다. 표면적 차원에서 삶의 문제는 사라지는 법이 없다. 뿌리째 뽑아야 한다. 지금까지는 없었던 새로운 방식으로 대처해야 한다. 그 새로운 방식을 떠올리기 위해서, 완전히 새로운 인격이 되어야 할 만큼.

04

오직 너 자신의 정신을 좇아 살라

1, 네가 스스로의 삶을 잃어버리지 않기 위해선 어떻게 해야 할까? 언제나 네 삶을, 네 정신을 의식하면서 살아야 한다. 오로지 정신만이 너를 살린다. 정신은 사건이라는 무한하고 황량한 회색빛 바다 위에서, 홀로 안전하게 보호받는 항구다. 너 자신의 정신을 좇아서 살라.

2, 우리는 나약한 인간이기에, 삶이 고통스러울 때도 있고, 자신을 잃지 않기가 구섭도록 힘들 때도 생긴다. 그때마다 너를 돕는 건 너의 정신이다. 그렇기에 너의 정신은 더욱 강인해져야만 한다. 그리하여 절망의 사슬을 끊고, 다시 힘차게 행복의 길로 들어설 수 있어야 한다.

3, 너에게 필요한 것은 한 가지뿐이다. 바로 너에게 일어나는 모든 일을 감정에 치우치지 않고, 있는 그대로 관찰할 수 있는 능력이다. 너의 정신을

한데 모으는 일이다. 어떻게 하면 올곧은 마음을 유지할 수 있을지만 계속 고민하라. 사소한 것에 영향받아선 아니 된다.

4, 고결한 인간이 되어라. 각오를 단단히 하고, 용기를 내야 한다. 무엇에도 개의치 말고 좋은 삶을 살 것이며, 양심에 따라서 살라. 언제나 또렷한 정신과 함께 하라. 인간은 육신 안에선 무력하지만, 정신을 통해서 자유롭다. 오직 정신을 통해서만 자유롭다. 정신에 의지하라.

5, 과거의 위대한 인물들을 탐구할 시간이 충분히 있다는 사실을 행운으로 알아라. 아직 놀 수 있는 힘이 남아 있을 때, 열심히 공부해야 한다. 정신은 육체보다 훨씬 먼저 뻣뻣해지니까. 정신적 생명은 육체적 생명보다 먼저 끝날 수도 있다는 사실을 반드시 기억하길 바란다.

6, 모든 것이 당장 내일 우리에게서 사라질 수 있는데도, 어떻게 모든 이들이 자신이 뭘 가졌는지조차 제대로 모르는지를. 오직 그것을 갑자기 잃게 되었을 때야, 비로소 가장 소중한 것에 대해 알게 되는지를.

7, 우리는 그것이 너무나 본질적이기 때문에, 너무나 평범하기에 쉬이 알아차리지 못한다. 마치 기관지염에 걸리기 전엔 숨 쉬고 있다는 걸 잘 알아채지 못하듯, 우리는 뭘 잃고 나서야 자명하다고 여겼던 것이, 전혀 자명하지 않았다는 사실을 깨닫는다. 그리고 정신에는 훨씬 더 많은 종류의 기관지염이 존재한다.

인간의 몸과 행동은
인간의 정신을 표현하는
무엇보다 훌륭한 그림이다.

<h1 style="text-align:center">05</h1>

말할 수 없는 것에 대해선 침묵하라

1, 아는 것 이상을 말하지 말고, 말할 수 없는 것에 대해선 침묵하라.

2, 생각할 수 없는 것에 대해선 말할 수도 없다. 생각하는 일과 말하는 일은 같은 일이다. 생각의 수단도, 말의 수단도 모두 언어이기 때문이다. 그러므로 생각을 조심하는 것이, 곧 말을 조심하는 것이다.

3, 말하지 못한 것이 있을 것이다. 흡족하게 말하지 못한 적도 있을 것이다. 말로 제대로 표현하지 못하는 경우는 많다. 그것에 대해 조금이라도 실망하거나 후회할 필요가 없다. 누구든 똑같다. 진실로 말하고 싶어도 표현할 수 없는 것이 있다. 왜냐하면 말을 사용하기 때문이다.

4, 말로 표현할 수 있는 건 그리 많지 않다. 정말로 말하고 싶었던 것, 솔직

한 마음, 신비로운 것, 진심 어린 사랑 등은 말을 초월하기에 제대로 표현할 수 없다. 인생에 있어 중요하고 귀중한 것일수록 더욱 그렇다. 도저히 말로 표현할 수 없을 땐, 침묵으로 대신 표현하면 된다.

5, 중요한 것은 말 자체나, 말할 때의 생각이 아니다. 그 말이 삶의 다양한 장소에서 만들어 내는 차이다. 실천만이 말에 그 의미를 주며, 어떠한 차이를 낳는다. 따라서 말은 곧 행동이다.

6, 우리는 종종 무의미라는 말을 사용한다. '내가 하는 일이 무의미한 것 같다.' '무의미한 시간을 보냈다.' 등. 그러나 어떤 식의 말이든, 무의미란 '지금은 효과적이지 않다'거나 '현재 이 자리에서 일어난 일은 유용하지 않다'는 것을 가리킨다.

7, 무의미라는 건 무가치라는 의미도, 쓸모없다는 의미도 아니다. 의미는 환경에 따라 얼마든지 변한다. 이곳에선 무의미할지 몰라도, 다른 곳에선 매우 의미 있는 것이 될 수 있다. 무의미와 무가치는 명백하게 다른 말이다.

06

쓰는 언어를 바꾸면 사는 인생이 바뀐다

1, 네 언어의 세계가 네 세계의 한계다. 수십 개의 말밖에 모른다면, 좁은 세계에서 동물처럼 살아야 한다. 백 개의 말을 안다면, 너를 둘러싼 세계는 백만큼 넓어진다. 천 개의 말을 안다면, 세계는 천만큼 넓어진다.

2, 말이 풍부해질수록 보이는 경치도 넓어지고, 이해할 수 있는 것도 많아진다. 네가 자유롭게 사용하는 말이나 표현을 가능한 한 늘려보라. 세계가 한층 광대해질 것이다. 이는 기회와 희망을 끝없이 성장시키는 일이다.

3, 썩어빠진 현 상황을 일격에 깨부수고 싶다면, 옛 세계에 작별을 고하고 새로운 세계의 문을 열고 싶다면, 보고 듣는 말의 내용을 바꿔라. 어떤 말이라도, 그 내용과 개념은 그 시대의 문화, 유행, 가치관 등에 물들어 있는 법이다.

4, 따라서 그 내용과 말을 그대로 사용하면, 다른 사람들과 똑같은 연못에서 헤엄치게 된다. 그곳을 벗어나고 싶다면, 세상이나 자신의 말에 담긴 내용을 재조명하고, 새로운 형태로 사용하는 것이 가장 손쉬운 길이다. 그래야 비로소 다른 세상이 열린다.

5, 인간은 너무 간단히 언어의 마술에 속는다. 한 가지 예로, 강력한 마력을 지닌 말은 이것이다. "안다". "안다"는 말만으로 상대는 그 사정을 깡그리 이해했다는 식으로 생각한다. 이와 마찬가지로, 자신이 그것에 대해 알고 있다고 생각한 순간, 어느새 깊이 탐구하지 않게 된다. 그렇게 되면 더 이상 어떠한 발전도 기대할 수 없다.

6, 어떤 상황에 대해, 상대에게 그 이유나 동기를 물었다고 가정해보라. 그럼 상대는 그에 대해 이야기할 것이다. 그러나 상대가 답한 동기나 이유로, 그가 그렇게 행동했다고 간단히 받아들이면 위험하다. 이유나 동기는, 누가 그것에 대해 질문했을 때 하는 말이다. 즉, 하나로 정리한 해명 혹은 정당화를 위한 논리 정연한 변명에 지나지 않을 때가 많다.

07

생각하는 일은 너 스스로 해야 한다

1, 항상 직접 생각하라. 스스로 깊고 차분하게 생각하는 습관을 들여라. 아무도 너 대신 머리에 모자를 써줄 수 없듯, 아무도 너를 위해 대신 생각해줄 수 없다. 게다가 그 누구도 너처럼 생각하지 못한다. 따라서 생각하는 일은, 언제나 너 스스로 해야만 하는 것이다.

2, 만약 누가 너에게 생각하는 방법을 가르쳐주는 책이 있다고 한다면, 세상에서 가장 중요한 책으로 보일지도 모르겠다. 하지만 세상에 그런 건 없다.

3, 가끔은 영리함이라는 황량한 언덕에서, 어리석음의 푸른 골짜기로 내려가는 것도 좋다. 가장 큰 어리석음이, 때론 가장 큰 현명함이 될 수 있다. 사람들이 종종 어리석은 짓들을 하지 않는다면, 현명함도 결코 존재할 수 없기 때문이다.

4, 끊임없이 "왜"라고 묻는 사람은, 건축물 앞에 서서 여행 가이드를 보며 그 발생사 등을 읽느라고, 정작 건축물은 보지도 못하는 관광객과 비슷하다. 모든 일에 "왜"를 물어야 할 필요는 없다.

5, 옛 건축 재료를 현대 건축물에 도입했다고 가정해보자. 그 경우 그것의 일부분만 예스럽게 느껴질까? 아니다. 지금까지 없던 참신한 건축물이 된다. 옛것도 생각하기 나름이다. 옛것을 옛것 그대로 두면 고리타분한 것이 되지만, 옛것을 현재에 활용하면 신박한 것이 된다. 즉 무엇이든 자신이 어떻게 받아들이고, 어떻게 활용하느냐에 따라 참신한 것으로 탈바꿈한다.

6, 일반적으로 판단을 내릴 때는, 그에 앞선 기준이나 규율이 있다. 혹은 어떠한 권위를 완전히 인정하고, 그것을 잣대로 판단한다. 평범한 일상생활에서도, 인간은 각자의 작은 기준들을 가지고 있다. 결국 현명한 결정을 내리기 위해선, 자기만의 확고한 기준이 필요하다는 것이다.

7, 인간은 모두 감옥에 갇힌 죄수다. 그 감옥은 "자신의 감성과 특유의 사고방식"이다. 자신의 감성이 받아들인 것을 있는 그대로의 세계라 굳게 믿는다. 다른 사람도 자신의 편향된 사고방식과 비슷한 사고방식을 갖는 게 당연하다고 여기며, 털끝만큼의 의심도 하지 않는다. 하지만 계속 한 가지 사고방식만 가지고 있다면, 평생을 그 사고방식에 따른 인생밖에 살아갈 수 없다.

8, 인간은 직선적으로 생각하는 버릇이 있다. 자신의 미래에 대해 생각할 때도, 지금 자신의 상황에서 미래가 어떻게 직선적으로 이어질 것인지, 곧은 선을 긋고 생각할 때가 많다. 또한 세계가 앞으로 어떻게 될지 생각할 때조차, 지금 세계의 움직임이 더 진보해간다는 전제로 미래를 예상한다. 지금 세계의 움직임이 돌연 뒤바뀐다거나, 그때그때 세계가 변화를 이어간다는 식으로 생각하진 않는다. 그렇지만 실제로 이 세계는, 그런 식으로 움직이고 있지 않을까.

9, 문이 잠겨 있지 않고 안에서 열 수 있게 되어 있더라도, 그 문을 미는 대신 잡아당길 생각을 떠올리지 못한다면, 그 사람은 방 안에 갇혀 있는 것이다. 다각도로 사고할 줄 알아야 한다. 그래야 인생의 어떠한 문제가 너를 가둬 두지 못하게 할 수 있다.

10, 인과적 관찰 방식은 오류를 범하게 하기 쉽다. 왜냐하면 '그것은 당연히 그런 식으로 일어날 수밖에 없었다.'라고 간단히 단정해 버리도록 너를 이끌기 때문이다. 그게 아닐 수도 있지 않은가? 그러므로 너는 이렇게 생각해야만 한다. '그것은 그렇게 일어날 수도 있었고, 다른 수많은 방식으로 일어날 수도 있었다.' 하나의 사고에 묶이지 말라.

11, 어떤 대상이 의미 있고 중요해서 이해해야 할 때, 하지만 그 대상을 이해하기 어려울 때, 그것을 이해하기 위해선 그에 관한 특별한 가르침이 필

요하지 않다는 사실을 기억하라. 지성의 난관이 아니라, "의지의 난관"이 극복되어야 하는 것이다. 포기하지 않는다면, 이해할 수 있다.

12, 사고의 종류는 크게 두 가지로 나눌 수 있다. 깊은 잠과 얕은 잠이 존재하는 것처럼, 깊은 내면에서 일어나는 사고와 표면에서 촐싹거리는 사고다. 그저 표면에서 겉도는 사고로는 아무것도 해결할 수 없으며, 그 무엇도 창조해 낼 수 없다.

13, 너는 근본으로 파고드는 것을 자꾸만 잊는다. 물음표를 충분히 깊게 던지지 않고 있다. 깊이 파헤치는 것을 피하지 마라. 다치는 걸 두려워하는 사람은, 정직하게 또 올바르게 생각할 수 없다. 따라서 본질도 꿰뚫을 수 없다.

14, 차분히 생각에 잠기는 걸 방해하는 것은, 외부의 잡음이나 말소리가 아니다. 성실하고 정확하며, 신중하고 깊이 있는 생각을 아주 쉽게 방해하는 건, 어떻게든 공적을 쌓아 널리 이름을 알리려는 "허영심"이다. 실력을 인정받고, 타인에게 존경받고, 응석 부리고 싶은 심보다. 자신만큼은 특별하다며 잘난 체하는 마음이다. 모든 이들에게 잘 보이고 싶은 욕심이다.

15, 남보다 독보적으로 눈에 띄고자 하는 마음, 유명해지고자 하는 욕구, 훌륭한 인간으로 보이길 바라는 욕망, 자신은 특별히 뛰어나다고 인정받

길 바라는 욕심. 이런 여러 공명심이 있다는 것만으로 제대로 사고할 수 없다. 사고가 공명심의 탐욕에 이끌려 볼썽사납게 뒤틀린다. 공명심은 사유의 죽음이다.

16, 의자에서 일어설 때, 우리는 자신의 다리가 있는지 없는지 확인하지 않는다. 그냥 바로 일어서려고 한다. 이것이 "행동"이라는 것이다. 우리는 늘 이런 식으로 행동한다. 자신의 상황이나 조건에 대해서 정말로 신중하게 생각해 보거나, 세밀하게 확인해 보는 일이 거의 없다.

17, "이건 학교에서 배워서 알아, 그건 안 배워서 몰라." 아이들은 이렇게 말한다. 여기서 아이들의 '안다'라는 말은, '이해했다'는 의미가 아니다. 그런 게 있다는 걸 앎에 지나지 않는다. 그것이 무엇인지 진실로 이해하기 위해선, 무엇보다 경험이 필요한 법이다. 아이든 어른이든, 자신이 직접 체험한 것만 이해할 수 있다. 경험 없이 지성만으론, 어떤 것도 정확히 이해할 수 없다.

18, 그냥 스쳐 지나가는 것을 탐구해 보라. 모든 사물의 가장 중요한 측면은 너무나 단순하고 익숙하기 때문에, 대부분 우리의 눈길을 끌지 못한다. 따라서 무엇보다도 근본적으로 탐구해야 하는 너무 많은 것들이, 우리 눈앞에서 그냥 스쳐 지나가고만 있다. 진리는 바로 그런 것에서 발견되는데.

08

기분은 사고방식 하나로 없앨 수 있다

1, '무엇을 생각하는가'와 '어떤 기분이 되는가'는 아주 긴밀하게 연결돼 있다. '무엇을 생각하는가'로 기분은 크게 좌우된다. 두려움, 슬픔, 즐거움 등의 감정은 '무엇을 어떻게 생각하는가'에서 나온다. 자신이 보거나 느끼는 모습이 실제로 뒤틀리고 흉측하여 두려운 게 아니다. 어떤 상대가 나쁜 짓을 해오지 않을까 하는, 이러한 생각이 공포심을 낳는 것이다.

2, 아무것도 생각하지 않으면, 아무 기분도 생기지 않는다. 그러면 어떤 것을 괴해도 담담할 수 있게 된다. 따라서 생각으로 통증을 지우긴 어려워도, 불쾌한 기분은 사고방식 하나로 없앨 수 있다. 사고방식을 바꿔라. 기분의 원인은 오로지 자기 안에 있으므로, 두 사람이 똑같은 것을 경험해도, 똑같은 기분이 들지 않는다는 사실을 명심해야 한다.

3, 바람이 불어와 나무를 마구 흔든다. 바람은 거대한 나무를 마구 흔든다. 인간도 그런 나무와 같다. 별 볼 일 없는 생각에, 하찮은 생각에, 아무래도 괜찮은 쓸데없는 생각에, 마음이 마구 흔들린다.

4, 가끔은 생각하지 않아도 좋지 않은가? 생각하기에 신경 쓰여 견딜 수 없게 된다. 초조하다. 그 초조함이 싫다면, 더 이상 생각해서는 안 된다. 생각하지 않으면 그곳의 모든 게 사라진다.

5, 완전히 칠흑 같은 어둠 속에 놓인 장미꽃은 정말 붉을까? 다른 색일지도 모르지 않는가? 그 장미가 진짜 붉은지 아닌지도 모르면서, 인간은 그 장미가 붉을 거라 상상하며 확신한다. 다른 경우도 마찬가지다. 그것은 틀림없이 그렇다는 식으로, 인간은 자신의 상상이나 생각대로 현실이 존재한다고 착각한다. 그리고 그 착각이 자신을 괴롭게 만드는 것이다.

6, 생각을 조심하라. 이미 벌어진 사태에 대해 '만일 ...이었다면 이러진 않았을 텐데...'라거나, '이러했다면 이런 일은 일어나지 않았을 텐데...'라고 생각하는 순간, 너무 많은 것이 고통으로, 불운이나 비극으로 바뀌어 버린다.

7, 제아무리 거대한 망원경의 접안렌즈라도, 우리의 눈보다 더 크지는 않다. 그리고 이런 사실로부터 기이한 유추가 하나 나올 수 있을 것이다. "내가 볼 수 있는 세계는, 내 눈에 의해 한계 지어진다. 세계는 내가 보려고 하

는 만큼만 보인다. 그러므로 세계는 모두에게 같을 수 없다."

8, 닫힌 창문을 통해 밖을 보고 있으면서, 지나가는 사람이 왜 저런 행동을 하는지 이해하지 못하는 사람이 있다. 그런 사람은 밖에 어떤 폭풍이 몰아치는지, 또는 그 지나가는 사람이 얼마나 힘겹게 버티고 서 있는지 결코 알지 못한다. 창을 활짝 열어야, 있는 그대로의 세상이 보이지 않겠는가?

9, 왜소한 생각이 한 사람의 전 생애를 채울 수 있다는 사실이 실로 놀랍지 않은가? 한평생 똑같은 작은 나라 안에서만 돌아다니고 있으면서, 그 나라 바깥엔 아무것도 없다고 생각할 수 있듯이 말이다. 절대 왜소해지지 말라. 그리고 이런 방식으로만 왜소해지지 않을 수 있다.

10, "지겹다"는 생각에 대해 이런 말을 해주고 싶다. 만일 한 학생이 학교가 아주 지겹다고 말한다면, 그에게 이리 대답할 수 있을 테지. 자네가 정말로 배우고 싶은 걸 배우게 된다면, 학교가 그렇게 지겹지는 않다는 걸 알게 될 거라고. 네가 만일 눈을 치켜뜨고 지켜본다면, 어느 곳에서든 엄청나게 많이 배울 수 있다.

11. 그리고 더 잘 생각할수록, 네가 보는 것으로부터 더 많은 것을 얻을 수 있다. 왜냐하면 사유한다는 것은 소화하는 것이기 때문이다. 권태롭다는 건 정신적 소화가 제대로 되지 않고 있다는 의미다. 그 상황에 가장 좋은

치료 방법은, 눈을 더욱 크게 뜨는 것이며, 때론 책을 읽는 것이 약간은 도움 되기도 한다,

12, 생각에도 값을 매길 수 있다. 어떤 생각은 비싸고, 어떤 생각은 값싸다. 그렇다면 생각의 값은 무엇으로 지불할까? 바로 "용기"로써 지불한다.

13, 무엇을 하든 용기가 필요하다. 자신에 대해 생각할 때도 마찬가지다. 자신에 대해 생각할 땐, 너그러운 눈으로 보기 쉽다. 자신은 타인과 달리, 죄 없는 특별한 존재라 여긴다. 지금 이대로 뭐든 할 수 있는 인간으로 보기도 한다. 그런 꿈같은 기분 좋은 공상에 속지 마라. 그렇다고 새삼스레 자신에게 엄해질 필요도 없다. 그저 자신에 대한 사실을 있는 그대로, 두려워 말고 직시하는 용기를 가져야 한다.

14, 너 자신을 알라. 그러면 네가 모든 점에서 비참한 죄인이란 사실을 깨닫게 될 것이다. 하지만 나는 계속 비참한 죄인으로 살고 싶지 않다. 나는 모든 수단을 가리지 않고, 이 진실에서 빠져나가고자 한다. 무엇보다도 우선시돼야 하는 일은, 나 자신과의 문제를 해결하는 것이다.

15, 한 번 디뎠던 단단한 육지를 잃어버리지 말아야 한다. 최초의 통찰이 지닌 가치는, 중도에 얻는 수많은 것들보다 훨씬 크다. 또한 어떤 상황에 놓이더라도, 초심을 잊는 일이 없게 하라.

16, 우리 삶은 꿈과 같다. 상태가 좋을 때 우리는, 단지 우리가 꿈을 꾸고 있다는 사실을 알아차리기 충분할 정도로만 깨어 있다. 그러나 대부분의 시간 우리는 깊이 잠들어 있다. 잠에서 깨라. 경이로움을 느끼려면, 인간은 깨어 있어야 한다.

17, 우리가 삶에서 언제나 죽음으로 둘러싸여 있다면, 우리 지성의 건강함은 언제나 광기로 둘러싸여 있다. 사고 속에 평화가 깃들게 하라. 매 순간 좋은 생각을 많이 하고, 쉽게 밑천이 드러나지 않는 고귀함을 간직하라.

쓸데없는 문제에 관여하지 말라.
시시한 사건들에 마음 쓰지 말라.
남에게 너무 많이 요구하지 말라.

그리고 너의 정당한 요구가
아무것도 아니게 될까 두려워하지 말라.

_____

_____

_____

_____

_____

_____

_____

관계와 사랑

09

어떤 누구에게도 영향받지 말라

1, 누구에게도 영향받지 말라. 타인의 사례를 좇아 행동하지 말고, 자신의 본성에 따라 행동하며 살아야 한다. 그렇게 살되, 타인에게 해를 끼치는 일이 있어서도 안 된다. 무엇보다 제발, 다른 사람의 깊숙한 곳에 있는 것을 가지고 장난치지 마라. 그저 자신의 삶에 충실하기를 바란다.

2, 누가 그걸 시시하다고 이야기했는가. 처음부터 부정했는가, 아니면 멋지다며 찬성했는가. 누가 부정을 했든 찬성을 했든, 네가 좋다면 그것으로 되지 않았는가? 부정이든 긍정이든, 한낱 표현에 지나지 않는다. 누구에게 무슨 말을 들었든 신경 쓰지 마라. 어차피 사실이 아니다.

3, 모든 이가 너를 좋게 생각하길 바라는 건 잘못이다. 너를 싫어하는 사람은 있을 수밖에 없다. 그렇다면 그 사람을 어떻게 대해야 할까? 만약 좋게

대하려면, 선량함뿐만 아니라 세심함 또한 많이 요구될 것이다. 그런데 그렇게까지 노력을 들여야 할 필요가 있을까 싶기도 하다. 그냥 서로가 각자의 길을 가면 되는 일이 아닌가.

4, 악마는 조롱에 대한 두려움의 모습으로 위장하고 있다. 맞다. 조롱은 두렵다. 조롱받는 것보다 더 피하고 싶은 일도 드물 것이다. 하지만 이는 비겁한 일이다. 모든 곳에서 추방된 비겁함이, 마지막 정복되지 않은 요새를 마음속에 마련한 것이다. 피하지 마라. 이겨 내라.

5, 의외로 많은 사람이 평소 의식적이든, 무의식적이든 타인을 두려워하면서 살아간다. 타인에 대한 두려움으로부터 자유로워져야 한다. 그들이 너의 삶을 좌우하도록, 너를 끌어내리도록 절대 내버려 두어서는 안 된다.

6, 저급하고 저열한 인간들에게 포위되어 있지 말라. 그들이 너를 마음대로 주무르지 못하게 하라. 나아가 따뜻한 가슴을 지닌 고결한 이들과 함께하라. 건강한 정신이 너를 떠나지 않고, 네 안에서 영원히 존속할 수 있도록.

7, 역사책을 읽다 보면, 어느 시대엔 마녀의 존재를 믿지 않았다. 근데 다음 시대엔 마녀의 존재를 굳게 믿는다. 이에 우리는 놀란다. '생각과 행동이 이토록 끊임없이 바뀔 수 있구나' 하면서. 그러나 평소 자신에 대해 돌이켜보면, 분명 납득이 간다. 자기 자신도 이제껏 해왔던 일을 오늘은 할 수 없거

나, 하기 싫거나, 지금까진 생각지도 않았던 일을 오늘 서슴없이 행하는 일이 빈번하기에. 그러니 타인의 태도에도 민감할 필요가 없다.

8, 타인에게 좋게 평가받으면 기쁘다. 자존심이 서기 때문만은 아니다. 누군가 자신을 "이런 사람"으로 봐줌으로써, 자신이 어떤 사람인지 알 수 있기 때문이다. 우리는 자신이 가지고 있는 것에 대해서만 알지, 자신이 어떤 사람인지에 대해선 잘 모른다. 그래서 타인이 나를 어떻게 보는지 신경 쓰이는 것이다. 하지만 타인의 평가가 옳을 리 없다. 자기평가도 옳다고 단언할 수 없다. 만일 자신이 대체 무엇인지, 인간으로서 어느 지점까지 도달했는지, 자신의 가능성이 어디까지인지를 완벽하게 알고 있다면, 그 사람은 아마 다른 세계의 존재일 것이다.

9, 너는 남들에게 인정받고 싶어서, 너 자신을 세상에 비싸게 팔고자 한다. 그렇다면 마치 상품 같지 않은가? 상품으로서 너는 다른 물품과 함께 진열대에 놓인다. 먼지를 뒤집어쓰면, 점원이 귀찮다는 듯 툭툭 턴다. 그리고 고객이 찾아와 너를 발견한다. 다른 물건과 비교하다가, 끈적거리는 손으로 널 집어 들어 만지작거린다. 구매할 것처럼 제스처를 취한다. 그러곤 돌연 이런 물건 따위 전혀 필요 없다는 표정을 짓고는, 진열대 위에 거칠게 내려놓는다.

10, 상상 속 타인에게 귀 기울이지 말고, 너 자신에게 귀를 기울여라. 너를

쳐다보는 타인을 바라보지 말고, 너 자신을 제대로 바라보라. 넌 지금 타인을 너무도 의식하고 있다. 이 얼마나 비열한 일인가. 자신의 눈길을 피해, 타인을 바라보려는 유혹은 또 얼마나 커다란가. 극복해 내라!

11, 너의 차량이 궤도 위에 비뚤게 놓여 있을 때, 다른 사람은 그 차량을 올바르게 위치시키는 데까지만 도와줄 수 있다. 그다음 다시 앞으로 나아가는 일은, 너 혼자서 해야 하는 일이다.

12, 그저 최선을 다하라, 그 이상은 불가능하니. 그리고 자신에게 만족할 줄 알며, 명랑해져라. 왜냐하면 다른 이들은 너를 지탱해주지 못하고, 혹여 그런다 해도 잠깐뿐이다. 얼마 있지 않아, 넌 그들에게 걸리적거릴 것이다. 먼저 스스로를 돕고, 온 힘을 다해 다른 이들을 도와라. 그러면서 명랑하라! 하지만 얼마나 많은 힘을 자신을 위해 쓰고, 얼마나 많은 힘을 타인을 위해 쓸 것인가? 균형을 찾아라.

13, 살아 있는 한 욕을 먹기도 하고, 비난받기도 하고, 경멸당하는 일도 많은 법이다. 불쾌하다. 반격하고 싶다. 내가 옳다고 주장하고 싶다. 오해를 풀고, 변명도 하고 싶다. 그러나 그것도 이 세계를 살아가기에 받을 수 있는 선물 아닌가. 그런 불쾌함도 자신의 것이라 받아들이고 살아가는 게, 인간이 이곳에서 산다는 것 아닐까.

14, 두 사람을 연결하고 있는 실들이 마구 엉켜 풀 수 없을 때, 우리가 할 수 있는 가장 영리한 일은, 그 사실을 알아차리는 것이다. 그리고 가장 분별 있는 일은, 그것을 담담하게 받아들이는 것이다.

15, 누군가 호의적인 말을 건네거나, 웃는 낯으로 대하면 마음이 따뜻해진다. 불쾌함도 마음에 남아, 기분을 상하게 하거나 언짢은 표정을 짓게 만든다. 타인에게 그런 영향을 받으며, 자신을 자신답게 유지하는 건 간단한 일이 아니다. 따라서 흔들린다면 서둘러 자신의 방으로 돌아와, 긴 고독에 잠기는 게 효과적이다. 타인에게 휘둘려 이쪽저쪽으로 휘청거렸던 자신을 바로 세워, 원래대로 돌아올 수 있도록.

16, 자신의 성격을 외부에서 객관적으로, 즉 타인의 성격을 관찰하듯 볼 수 있는가? 굉장히 어려울 것이다. 따라서 자신이 안다고 생각하는 자신의 성격은, 타인이나 지인이 보는 성격과는 차이가 있다. 그러므로 괜히 내 성격은 이렇다며 의기소침해할 이유가 없다.

17, 너의 마음을 조금이라도 털어놓을 수 있는 사람은, 매우 소중한 사람이다. 너에게 많은 힘이 되어주기 때문이다. 하지만 그런 사람 없이도 살아갈 수 있어야 한다. 그런 사람이 네 곁에 언제나 있고, 영원히 존속할 수는 없는 법이기에.

10

자신만 생각하지 말고 타인도 생각하라

1, 너 자신만 생각하지 말고, 타인들도 생각하라. 사람들이 겪고 있는 정신적, 육체적 고통을 보라. 모든 사람이 어려움을 겪고 있으니 살갑게 대해주어라. 그리고 사람들에게 "안녕히 주무십시오."라고 말할 기회를 더 즐겨라. 이 하나만으로도 많은 이가 부러워할, 너만이 가진 하늘의 선물이 된다. 그리고 이런 것이 너의 소모된 영혼까지 치유한다.

2, 어떤 사람과 잘 지내고 싶다면, 그 사람을 친절하게 대하라. 그게 네가 할 수 있는 유일한 일이며, 또 네가 해야 하는 유일한 일이다. 다른 건 없다. 그저 친절하라.

3, 네 마음에서 우러나온 한마디의 말이, 네 머리에서 나오는 세 쪽의 글보다 다른 사람들에게 훨씬 더 의미 있고, 가치 있게 다가온다는 것을 명

심하라.

4, 주변 사람들을 이해해 보라. 그들을 증오하고 싶을 때마다, 대신 그들을 이해하고자 노력해 보라. 내적 평화에 의지하여 살아야 한다. 하지만 어떻게 내적 평화를 얻을 수 있는가? 오직 신의 뜻대로 사는 것밖엔 없다. 저항하지 마라. 있는 그대로를 이해해 보라. 오직 그렇게 해서만 삶을 견뎌낼 수 있다.

5, 악하다기보다는, 엄청나게 편협한 사람들이 있다. 그들과 교류하는 일은 거의 불가능하다. 왜냐하면 나의 의도를 끊임없이 오해하기 때문이다. 이 사람들은 멍청한 게 아니라 편협한 것이다. 그들은 자기 영역에선 충분히 영리하다. 하지만 그들에겐 인품이란 없으며, 그래서 다른 영역으로 확장되지 못한다. 신실한 마음은 모든 것을 이해할 줄 안다.

6, 어떤 한 사람은, 다른 한 사람을 오해하기 마련이다. 그러나 왜소한 사람은 자기만의 추한 방식으로 다른 모든 사람을 오해한다. 이런 사람은 절대로 다른 사람이 바꿔 줄 수 없다. 오직 자기 스스로가 사고방식과 삶의 양식을 바꿈으로써만 치유될 수 있다.

7, 인간은 누구나 자기 좋을 대로 생각한다. 특히 자신에 관해선 한없이 너그럽고 관용적이다. 예컨대, 자기가 터무니없이 비정하고 잔혹한 마음을

가지고 있다 해도, 여러 나쁜 것을 생각하고 있어도, 그것을 한때의 환상이나 가벼운 상상에 지나지 않는다고 간단히 치부해버린다. 만약 똑같은 생각을 다른 사람이 한순간이라도 했더라면, "그것이 너의 본심이며, 너의 끔찍한 정체다."라면서 심하게 비난했을 주제에.

8, 신은 나에게 이렇게 말할 수 있다. "나는 너 자신의 입으로 너를 심판하노라. 너는 다른 사람의 어떤 행동을 보았다. 구토가 날 만큼 역겹다면서 온몸을 부르르 떨며 욕을 한다. 그러나 그 사람의 행동은, 바로 네 행동과 똑같지 않은가? 결국 너는 너 자신에 대해서 혐오감을 느끼는 것이다."

9, 타인의 아주 작은 실수나 사소한 잘못을, 망원경으로 보며 너무 크다고 말하지 마라. 반대로 거꾸로 잡은 망원경으로 자신의 잘못을 보며, 별거 아닌 사소한 것이라 말하지 마라.

10, 쓸데없이 자신에 대해 자랑하고 과시하여 적을 만들지 말라. 대화 중 자기 이야기는 웬만하면 안 꺼내는 편이 좋다. 자신이 가진 것, 성취한 것은 자기 자신보다 다른 이들에게 더 큰 의미를 가질 수 없다. 굳이 하지 않아도 될 말을 하지 마라.

11, 철저히 원리원칙대로 규율을 완벽하게 지키거나, 늘 흑백을 명백히 따지는 냉정한 태도로 고지식하게 살아갈 수 없다. 그런 태도가 자신을 숨 막

힐 정도로 힘들게 하기 때문만은 아니다. 어느 정도 너그러워, 상대가 실수를 저질러도 넘어가 주는 관용이 있을 때, 서로를 감수할 때, 인간의 생활이 성립되기 때문이다.

12, 인간은 보통 조잡하게 처리하거나, 대강 이해하거나, 실수나 잘못을 마음에 두지 않거나, 서로에게 결점이나 죄가 있어도 용서하거나 받기도 한다. 이런 식으로 무슨 일이든 그리 엄밀하지는 않다. 서로 인간적 유대감을 갖고 있기에, 지금 인간의 생활은 어떻게든 성립되는 것이다. 따라서 작은 일에 가시를 세우지 마라.

13, 관대한 마음. 화내지 않고 웃으며 지내는 태도. 양보하는 선심. 이해하는 자세. 도덕이 어떻고, 규칙이 어떻고, 습관이 어떻든, 도리에 맞지 않아도 그와 무관하게 용서할 수 있는 너그러운 가슴. 자신뿐 아니라 타인의 이런 배려가 있기에, 인간은 세상을 살아갈 수 있는 것이다. 물론 고독하게 생활할 순 있다. 하지만 타인의 자그마한 호의 하나 없이 살아가기란 매우 어렵다.

14, 나와 저 사람은 전혀 다른 인간이다. 저 사람은 그런 인간이지만, 나는 그런 부류의 인간이 결코 아니다. 나는 아주 특별하다. 나의 존엄과 품격은 저들보다 몇 단계 더 위에 있다. 나의 사명이나 일은 저들과 다르게 매우 중요하다. 남을 멀리하는 이런 마음이 증오를 낳는다.

15. 만약 증오나 다툼 없는 곳이 있다면, 그곳의 인간은 모두 어린아이와 같을 것이다. 마음이 언제나 열려 있으며, 편견이 없고 순수하며, 자신도 나쁜 아이라고 언제라도 솔직히 인정할 수 있는, 어떤 과시도 없이 뒤틀리지 않은 소박한 애정을 가진 사람들로 가득할 것이다.

16. 조용한 삶을 살며, 친절과 배려가 필요한 다양한 부류의 사람들에게 친절과 배려를 베풀었으면 좋겠다. 왜냐하면 많은 이들이 이런 미덕을 절실히 원하고 있기 때문이다. 자신을 잃어서도 안 되겠지만, 다른 사람을 부당하게 대해서도 안 된다. 사람들을 존중해주길 바란다.

11

사람 보는 눈이 없다는 것의 의미

1, 게임을 하면 참가자의 성격이나 정신이 분명히 드러난다. 이때 게임이란, 놀이나 경기만을 가리키지 않는다. 일, 인간관계, 예술 등 온갖 장소에서 인간이 하는 모든 일을 게임으로 봐야 한다. 다른 사람을 보는 눈이 없다는 것은, 유심히 관찰하지 않는다는 뜻이다. 활동 속에서 모든 게 드러나는데, 아무 생각도 하지 않는다는 것이다.

2, 누군가의 가치관이나 선악의 기준을 알고 싶다면, 그 사람에게 질문하는 것보다 훨씬 더 간단하고 정확한 방법이 있다. 그 사람이 무엇에 대해 자주 미소 짓는지 눈여겨보라. 무엇에 대해 어떻게 행동하는가. 어떤 게 좋아 손아귀에 넣는가. 자주 먹는 건 무엇인가. 어떤 걸 물끄러미 바라보는가. 무엇에 마음이 빼앗기는가. 그 사람의 행동 전부가 그 사람을 표현한다.

3, 인생에서 만나는 거의 비슷한 상황, 경험에 대해 우리는 각기 다른 느낌을 받고, 다르게 반응한다. 이는 어떻게 받아들이는가의 차이다. 받아들이는 방식의 차이란 무엇인가? 바로 해석의 차이다. 그렇다면 해석의 차이는 어디서 오는가? 자신의 경험과 생각에 따라 제각기 달라지는 것이다. 따라서 지금 여기서 일어나는 일에 대한 태도는, 그 사람이 지금까지 어떻게 살아왔는가를 있는 그대로 말해준다.

4, 자신의 의식이나 마음이, 지금 어떤 상태인지 모든 이가 안다. 그런데 무슨 이유에선지, 자신의 의식이나 마음을 타인에게 잘 숨겼다고 믿는다. 결국 자신만의 비밀이요, 혼자만의 요새라 생각한다. 그러나 그 의식과 마음은 얼굴에 또렷이 드러난다. 태도나 동작에도 고스란히 나타난다. 안과 밖은 같다.

5, 이해력이 좋은 사람은 사랑받는다. 많은 걸 이해해주는 듯 보이기 때문이다. 이해해준다는 건 찬성해준다는 뜻이며, 자기 편이 되어준다는 의미로 여기기 때문이다. 그래서 반려견은 사랑받는다. 그런데 반려견이 이해하기 때문에 찬성해주는 것일까? 이해하고 있기에 던진 공을 물어오는 것일까? 아니, 그것은 훈련이나 교육에 의해 나오는 것이다. 사람도 마찬가지다. 사회적 훈련이나 처세술에 의해 무엇이든 이해해주는 사람이 있다. 따라서 그가 진짜 이해하고 있다고 단언할 수는 없다.

6, 자신의 의견이 절대적으로 옳다고 믿는 사람의 머릿속엔, 오로지 어떤 경향의 사고방식만 끊임없이 맴돌고, 그 때문에 늘 대동소이한 결론만 내놓는다. 이는 편식하는 사람과 같다. 습관을 반복하기만 하면 다른 요리의 맛, 다른 견해, 다른 사고방식이 있다는 것조차 모른다. 이런 사람은 완고하고 의지가 강한 듯 보이지만, 그저 게으른 자이거나 겁쟁이거나 소심한 사람일 확률이 높다.

12

사랑이야말로 행복 그 자체다

1, 사랑받으면 기쁨에 젖는다. 적어도 사랑을 느낄 수만 있다면 가슴은 따뜻해진다. 사랑하는 무언가가 있다면 몰입할 수 있다. 사랑을 대신할 수 있는 것은, 이 세상에 아무것도 없다. 행복이라 불리는 것 중엔 반드시 사랑이 포함되어 있다. 아니, 사랑이야말로 행복 그 자체다.

2, 네가 누군가의 사랑을 받고 있다면, 아무리 큰 희생으로도 그 사랑의 값을 다 치를 수 없다. 그러나 네가 돈을 주고 사랑을 산다면, 아무리 작은 희생이라도 너무 크다.

3, 한 사람이 다른 사람의 아픔에 대해 생각한다는 것은, 진정한 사랑의 표시다. 왜냐하면 그 사람 역시 아파하는 한 명의 가여운 사람이기 때문이다.

4, 사랑. 그것은 사람이 마음으로 간직하는 가장 값진 진주이며, 무엇과도 타꾸려 하지 않는 것이며, 다른 모든 것보다도 귀하게 여기는 것이다.

5, 사랑은 진짜 귀중한 것이 무엇인지를, 우리가 그것을 가지고 있다면 우리에게 보여준다. 사람은 잡다한 모든 것들로부터 귀금속을 찾아내는 것이 어떤 의미인지, 오직 사랑을 통해서만 배운다.

6, 사랑하는 사람이 이제 너를 특별히 좋아하지 않는 것 같다. 그런데 이상하다. 어떤 목소리가 너에게 말한다. "그렇다면 다 끝났다고. 너는 가슴 아플 수밖에 없다고." 하지만 다른 목소리는 이렇게 말한다. "낙심해선 안 된다고. 너는 그것을 예상했어야 하며, 비록 열렬히 소망했다 하더라도 네 인생이 어떤 특정한 사건에 좌우되어선 안 된다고." 바로 이것이 옳은 목소리다. 자신이 가장 사랑하는 존재를 마침내 신의 손에 맡기지 못하고, 자기 수중에서 계속 만지작거리는 사람은, 그 사랑을 할 자격이 없다. 왜냐하면 시련 또한 사랑의 일부이기 때문이다.

7, 그 사람의 사랑 없이도 즐거울 수 있을까? 이 사랑이 없다면 절망 속으로 빠져야 하는가? 이 버팀목 없이는 살 수 없는가? 이 막대기에 기대지 않고는 똑바로 서서 걸을 수 없는가? 아니면 단지 그걸 포기하겠다는 결심을 할 수 없는 것인가? 아니면 둘 다? 도착하지도 않을 편지를 계속 기다리지 말라. "너를 절벽으로 미는 건 그 사랑이 아니다. 네가 혼자서, 너의 두 다

리만으로 안전하게 서 있을 수 없다는 사실이다."

8, 옳은 애정이라면, 사랑하는 사람을 늘 자기 손아귀에서 놀려선 안 된다. 아무리 열렬히 사랑한다고 해도, 상대는 장난감이 아니다. 사랑이라는 이유만으로 상대를 지배할 수 없다. 사랑하는 사람도 어엿한 하나의 인간이다. 그런 이상 갑작스러운 위험, 불안, 자기 극복, 고뇌나 환희, 즉 인생 자체를 알아야만 한다. 그런데 사랑한다는 이유로 혼자 모든 것을 꾸미고, 그의 인생을 조작하려 드는 건 너무 오만하지 않은가? 그건 절대 사랑이 아니다.

9, 사랑의 표현을 아끼지 말라. 위장은 영양부족에 익숙해질 수 있지만, 몸은 그럴 수 없다. 위장이 항의하지 않더라도, 위장이 더 이상의 영양을 거부할 때조차도, 몸은 영양부족으로 고통받는다. 이것은 애정과 감사 같은 감정 표현에서도 마찬가지다. 인위적으로 감정 표현을 억제함으로써, 자연스러움에서 멀어질 수는 있다. 하지만 영혼의 다른 기관들은 영양부족으로 고통받게 된다.

10, 모든 사랑은 자연스러운 모습으로 이뤄져야 한다. 사랑은 자연과 묶여 있기 때문이다. 만일 네가 자연스럽지 않게 된다면, 그것은 더 이상 사랑이라고 말할 수 없다. 그 사랑은 끝나야 할 것이다.

11, 많은 사람이 타인에게 칭찬받고, 인정받고 싶어서 애를 쓴다. 자신을 기특하게 생각해주길 바란다. 더 한심하게는 위대한 인물이거나, 존경해야 할 사람으로 보이기를 원한다. 그것은 잘못돼도 한참 잘못된 것이다. 사람들에게 숭배되려 노력하지 말고, 사랑받으려고 노력하라. 사랑받는 것은 인간의 가장 큰 행복이다.

가장 외로운 시절에 가장 그리운 존재는,
말도 안 되는 말을
말도 안 되게 오래 나눌 수 있는 사람.
흉금을 털어놓고 대화할 수 있는 사람.
단 한마디라도
이성적인 말을 나눌 수 있는 영혼이다.

_____

_____

_____

_____

_____

_____

_____

13

만족스럽고 존경할 만한 일에 종사하라

1, 설령 박봉이라 해도 네가 만족하는 노동, 네가 존경할 수 있을 만한 일에 종사해야 한다. 그렇게 해야 언젠가 만족스러운 인간으로 죽을 수 있다.

2, 노동의 빛은 아름다운 빛이다. 그러나 그 빛은 또 다른 빛, 자기 삶의 의미와 연관되는 빛에 의해 비추어질 때, 오직 그때에만 진정 아름답게 빛날 수 있다.

3, 네가 정말로 잘하는, 너무 잘해서 자존심을 잃지 않고 할 수 있는 그런 일을 하라. 더 나은 혹은 더 적합한 일을 얻기 위해, 할 수 있는 모든 수단을 이용하는 것은 현명한 일이다. 하지만 그 방법들이 계속 실패한다면, 지금 하는 일을 수용해야만 하는 그런 때가 생길 것이다.

4, 만약 더 나은 일자리를 도저히 찾을 수 없거나, 또는 완전히 새로운 일을 시작할 위험을 감수할 의향이 없다면, 네가 해야 할 일은 그 일이 좋건 싫건, 기꺼이 받아들이는 것이다. 왜냐하면 무슨 일이 됐든 하는 것이, 그냥 기다리는 상태로 사는 것보단 훨씬 낫기 때문이다.

5, 직장에 관하여 딱 한 가지는 아주 분명하게 말할 수 있다. 부끄럽고 사기를 떨어뜨리는 곳에서 계속 일해선 안 된다는 것이다. 그러므로 언제든지 일을 그만둘 수 있는 힘과 능력을 미리 갖춰 두는 것이 좋다.

6, 직업에 대해 너무 심각하게 고민할 필요는 없다. 기차놀이 중 선두에 선 아이는, "칙칙폭폭" 증기기관차 흉내를 낸다. 물론 그 아이가 실제 증기기관차는 아니지만, 그런 식으로 이해할 때 성립되는 놀이다. 어른도 아이들과 다르지 않다. "교사, 노동자, 예술가..." 우리는 각자가 각자를 이해할 수 있는, 아주 짧은 놀이를 이어가고 있을 뿐이다.

7, 어떤 일을 맡을 땐, 반드시 신중하게 결정해야 한다. 자신이 감당하기 어려운 일을 맡는 것이야말로, 가장 난처한 상황이기 때문이다.

8, 겸허한 마음으로 주어진 일을 처리하라. 집중하라. 시간을 때우기 위해서가 아니라, 살기 위해서 경건한 마음을 가지고 일해야 한다. 그리고 어떤 일이 발생하더라도, 자기 자신을 잃지 않게 주의하라. 다른 이들에게 스스

로 헌신하려 할 때야말로, 가장 자신을 잃기 쉬운 법이다.

9, 가장 천한 일들도 냉소를 머금고 묵묵히 해 나가라. 이것은 인격의 통과 의례와 같다. 이상하게도 몇몇 사람은, 자기가 맡은 일을 추잡하고 고생스러운 일로 만들어 버린다. 모든 외적 상황에서, 어떤 곳에서의 시간이든, 마음먹기에 따라 위대하고 행복한 것이 될 수 있는데도 말이다. 그런 꼴로 살다니... 이런 한심한 인간들과 소통하는 것은 아마도 불가능할 것이다.

10, 쓸데없이 불평하는 일을 당장 그만둬라. 네가 해야 할 일은 위험을 감수하거나, 그렇게 하고 싶지 않다면 그저 지금 있는 곳에서, 지금 하는 일을 잘할 생각을 하는 것이다. 불평은 어떤 개선의 힘도 가지고 있지 않다는 사실을 너 역시 잘 알고 있지 않은가.

11, 사람이 머리의 열을 식힐 수 있으려면, 평범하게 할 수 있는 일 하나쯤은 가지고 있는 게 좋다. 간단한 육체노동이나 몰입할 수 있는 수작업 수공계 같은 일들은, 생각으로부터의 휴식과 온전한 자유가 필요할 때 큰 도움이 되기 때문이다.

12, 휴일은 충분히 몸을 쉬게 하라. 번거로운 일도, 걱정도 하지 말고 몸과 마음을 느긋하게 하라. 그리고 육체 피로가 풀렸다면, 자신의 일을 멀리서 생각 없이 바라보라. 평소엔 바삐 일하며 지내기에, 아무래도 미시적으

로 자기 일을 볼 수밖에 없다. 따라서 거시적으로, 흡사 타인의 일을 바라보듯 객관적으로 다시 보라. 그러면 거기서 발견하고 얻는 게 많을 것이다.

13. 정말로 커다란 은혜란 무엇인가? 오늘 자신의 일을 할 수 있다는 것.

14

인생을 개선하는 가장 효과적인 방법

1, 높고 험난한 산을 오르고자 하는가? 그렇다면 일단 무거운 배낭부터 산기슭에 두고 출발해야 한다.

2, 자신의 인생을 바꾸길 원하는 사람은 많다. 해서 그들은 일이나 삶의 터전을 완전히 새로운 것으로, 혹은 인간관계를 바꾸기도 한다. 그러나 그들은 무슨 까닭에선지, 인생을 개선하는 데 무엇보다도 중요한 사실은 놓친다. 자신의 인생을 바꾸기 위해선, 자신의 태도부터 바꿔야 한다는 사실을. 그것이 인생을 개선하는 데 가장 효과적인 방법이란 걸 정말 모르는 것일까.

3, 혁신, 쇄신... 이런 것을 아무리 큰 소리로 떠들어 봐야, 결국 동일한 작업을 하는 도구나 장소만 바뀔 뿐 아닌가. 평소와는 다른 길을 거치지만, 결

국 평소의 그곳으로 가는 게 아닌가. 포장지의 무늬를 바꿔 다른 것처럼 꾸며도, 새로워졌다고 말할 수 없지 않은가. 진정 혁신해야 하는 건 너 자신이다. 네가 새로워지면, 너를 둘러싼 세계 또한 새로워지기에.

4, 지혜나 지식이 아무리 많아진다 한들, 너의 생활을 온전히 만들어주지 못한다. 왜냐하면 지혜나 지식은 차갑기 때문이다. 너의 생활을 바꿀 힘을 가진 건 차가운 게 아니다. 용암처럼 부글부글 끓어오르는 뜨거운 것이다. 그것은 바로 "정열"이다.

5, 멍하니 꿈꾸는 듯 공상을 즐기고, 더 빠져들어 이런저런 상상의 나래를 펼치는 일은 실로 기분 좋은 일이다. 그날이 곧 찾아올 것만 같은 기분도 든다. 그러나 이는 그저 머릿속에 그린 아름다운 구름을, 미래라는 하늘에 엮으려는 것 아닌가. 결코 그대로 실현되지 않는다. 원하는 일을 현실로 만들려면, 우선 강고한 토대를 자신의 손으로 확실히 다지는 일이 먼저다.

6, 당장 일어나서, 당장 할 수 있는 일부터 부지런히 해치워라. 그걸 하지 않으면, 다른 어떤 것도 영원히 시작되지 않는다. 귀찮고 내키지 않더라도 지금 할 수 있는 일부터 하지 않는다면, 나중의 것도 할 수 있을 리가 없다. 산에 가서 큰 돌을 움직이기보단, 신발 밑창의 흙을 터는 작업이 훨씬 간단하다. 이치를 알겠다면, 먼저 눈앞에 있는 신발의 흙부터 털어라.

7, 만일 어떤 돌이 지금 꽉 박혀서, 꿈쩍도 하지 않는다면 어떻게 해야 하겠는가? 먼저 그 주위에 있는 다른 돌들부터 옮기면 된다. 그런데 돌을 옮기려면 흙을 먼저 긁어내야 한다. 그리고 흙을 긁어내는 일은, 돌을 옮기는 일보다 훨씬 쉽다. 가장 하기 쉬운 일부터 시작하라.

8, 빠른 것이 좋은 게 아니다. 시대를 앞서 달리는 것만 내세우는 사람은, 어느새 시대에 쫓겨 끝내 추월당하고 만다. 태양열과 깨끗한 물, 그리고 빛이 충분히 내리쬘 때 비로소 싹이 돋는다. 빨리 성장시키기 위해 힘을 주어 잡아당겨봤자, 싹이 돋긴커녕 오히려 죽는다. 다른 것들도 이와 마찬가지다. 서두르지 마라. 가장 천천히, 가장 오래 달릴 수 있는 자가 승리한다.

9, 고두가 계속 걷는다고, 너도 보조를 맞춰야 하는 건 아니다. 모두가 저편을 보고 있다고 해서, 너도 그쪽으로 시선을 줘야 하는 건 아니다. 제자리에 멈춰서도 좋고, 웅크리고 앉아 발아래에 돌이나 꽃을 바라봐도 상관없다. 사람들보다 뒤처져도 좋지 않은가? 그렇게 가장 소중한 것을 발견할 수 있기에. 바로 그때, 모두가 걸음을 멈추고 뒤돌아 너를 볼 것이다.

10. 천재라고 해서, 다른 성실한 사람보다 더 많은 빛을 가지고 있는 것은 아니다. 단지 하나만 다를 뿐이다. 그는 특별한 종류의 렌즈를 통해, 빛을 한 초점으로 모으고 있다. 눈부신 하나의 광선을 만들어, 자기만의 불꽃을 피워내고 있다.

11. 재능이란, 언제나 신선한 물이 흘러나오는 샘과 같다. 하지만 그 물이 이쪽저쪽으로 마구 흩어지거나, 올바른 방식으로 활용되지 않는다면, 샘은 가치를 잃고 만다. 제아무리 풍부한 샘이라 해도, 아무에게도 필요하지 않은 것이 되어 버린다.

12. 배운 것을 곧이곧대로 받아들여선 안 된다. 그러면 정작 키워야 할 소중한 것은 완전히 숨어 버리거나 사라지고 만다. 그 소중한 것은 자기 나름대로 의심하는 것, 철저히 사고하는 것, 차분히 관찰하는 것이다.

13. 뭔가 배우고 싶을 때 반드시 교사에게 묻거나, 학자의 책을 읽어야 할까? 즐기고 싶을 땐 어째서 음악을 듣거나, 작품을 보거나, 이야기를 읽는 게 당연한가? 음악이나 문학은 그저 한때의 오락을 위한 것인가? 음악이나 문예, 예술로도 엄청난 것을 배울 수 있는데.

14. 자신의 부주의로 저지른 실수 혹은 잘못, 그것에 대해 혀를 차거나 후회하는 일은 굉장히 간단하다. 그러나 잠시 생각해 보라. 실수나 잘못에서 귀중한 것을 찾아낸다면, 장차 자신에게 커다란 자산이 될 수 있다. 모든 실수와 잘못으로부터 가치를 만들어 내라!

15. 정성껏 가꾼 아름다운 장미 정원을 유심히 관찰해 보라. 그 아래엔 수많은 퇴비, 썩은 짚과 오물 등이 숨겨져 있다. 또 각종 벌레들이 득실거린

다. 그런 곳에서도 장미는 아름답게 싹을 틔운다. 너도 그런 장미 정원과 같다. 걱정하지 마라. 오늘의 서투름이 내일의 훌륭함을 싹틔울 것이니.

15

똥 밭에 빠졌을 때 할 일은 딱 하나다

1, 똥 밭에 빠졌을 때 할 일은 딱 하나, 행진하는 것뿐이다. 훌쩍이다 죽을 바에, 분투하다 급사하는 게 낫다. 더 나은 인간이 되기 위해선, 힘들어도 묵묵히 계속해 나가야 한다.

2, '역시 이래야만 했어.' 이렇게 생각하는 건 간단하다. 어쩔 수 없었다며 포기하는 것도 쉽다. 그러나 그런 사고방식은 조금의 유연성도 없는 것이다. 그런 식으로 생각해 포기하면, 다른 가능성은 전혀 보이지 않는다. 적극적으로 자신의 발상에 도달하는 힘이 약해진다. 따라서 '다른 방법을 썼다면 완전히 달라졌을 것'이라는 식으로 생각해야 한다. 그래야만 다음에 새로운 사고방식과 행동이 나온다.

3, 방해물 때문에 괴로운가? 그렇다고 단념할 것인가? 무릎 꿇으려 하는

가? 너는 어떤 방해물도 극복할 수 있다. 그를 위해 발상을 바꿔라. 완전히 새롭게 바꿔라. 지금까지의 생각을 깨끗하게 비우고, 세상 사람들의 통념을 모두 던져 버려라. 다른 룰을 사용하라. 지금까지의 룰이 아닌, 전혀 다른 룰로 생각하라. 이 길로 도달할 수 없다면 다른 길로 가면 되듯, 그곳엔 앞을 가로막는 어떤 방해물도 존재하지 않기에.

4, 부디 포기하거나 절망하지 마라. 너 자신을 추스르기 바란다. 아주 거칠게 해보라. 아주 엄격하게 해보라. 비명을 질러라. 울분을 토해 내라. 그러나 지속해서 진도를 나가라. 계속해서 앞으로 향하라. 그러면 그로부터 무언가를 반드시 얻을 수 있을 것이다.

5, 어떠한 사건 하나 때문에, 네가 추구하는 일을 포기해서는 안 된다. 인간은 계속해서 비틀거리고, 쓰러지고, 또 비틀거리며 쓰러진다. 너에게 필요한 유일한 일은, 추스르고 일어나서 다시 나아가려 시도하는 것이다. 적어도 이것이 내가 평생 해 와야만 했던 일이다.

6, 뭘 어떻게 해야 할지 막막할 때, 남의 것을 그대로 흉내 내거나 전부터 있던 것을 본보기로 삼기보다는, 밖으로 나가 자연에서 배워 보라. 자연을 세심히 관찰하다 보면, 거기서 분명 새로운 가르침이나 훌륭한 지도를 받을 수 있다.

7. 너 자신의 힘으로 구축한 것 외엔 아무것도 의미가 없다. 조류에 맞서 강하게 헤엄쳐 나가라. 아직까지 아무런 성과가 없는 것 같고, 아직도 견고함에 도달하지 못한 것 같다면 절대 멈추지 마라. 이제까지 공들여 온 모든 것들이, 안개처럼 홀연히 사라져 버리고 만다.

16

인간이 약하다는 것의 뜻

1, 인간이 약하다는 건, 살아가며 받아들여야만 하는 고통을 받아들이려 하지 않는 것이다. 인간이 약하다는 건, 고통을 멀리하려는 경향을 가진 것이다. 고통보다 조금이라도 더 안락한 쪽을 추구하는 것이다.

2, 대다수의 사람은 지름길을 찾는다. 위험한 언덕이 없는 평탄한 길만 가려고 한다. 가능하면 경치 좋은 길을 선택하려고 한다. 장애물 하나 없는 아주 쉬운 길을 가려고 한다. 땀도 흘리지 않고, 발도 아프지 않고, 간편하게만 가려고 한다.

3, 훌륭한 인간과 그렇지 않은 인간의 가장 큰 차이점은, 후자는 모든 유혹에 굴복하는 데 반해, 전자는 그런 유혹에 대항한다는 데 있다.

4, 인간의 위대함은 어떤 사람이 하는 일이, 그에게 요구하는 희생의 크기로써 측정할 수 있다. 그러나 만일 그가 희생을 바치고서 그것을 우쭐해 한다면, 그는 그 희생과 더불어 저주받을 것이다.

5, 가장 일어날 가능성이 높은 결과를 예측하고 태도를 결정하려 하는가? 이후의 득실을 전망하고, 앞으로의 태도를 결정해도 좋은가? 그것은 비겁한 태도가 아닌가. 그런 비겁함 위에 인생을 쌓아 올려도 정말 괜찮은가? 계산하고 예측하고 가능한 한 아픔을 피해 가는 것이 인생인가? 오히려 아픔과 고통을 받아들여야 제대로 살아갈 수 있지 않을까.

6, 우연한 일이란 없다. 단지 우연한 일처럼 보일 뿐이다. 혹은 자신의 사려 부족으로 인해 예측할 수 없었을 뿐인데, 마치 있을 수 없는 일이라도 일어난 듯 경악하고, 이를 우연한 일이라 자신이 명명할 뿐이다. 언제든 온갖 일이 일어날 수 있다. 어떤 일이 일어난다 해도 전혀 이상하지 않다. 그리고 더 중요한 것은, 그 일을 스스로 일으킬 수도 있다.

7, '이렇게 하면 이렇게 결과가 나온다'. 이런 건 존재하지 않는다. 인간이 원인이라 부르는 것은, 하나같이 멋대로 정한 가설이기 때문이다. 하나의 원인이 반드시 특정 결과를 낳는 건 아니다. 어떤 것을 행하고, 그것이 어떤 사태를 낳을지 사전에 알 수 없다. 무슨 일이든 일어날 수 있고, 아무 일도 일어나지 않기도 한다. 따라서 행동을 겁내지 말라. 과감하게 행하라. 행

동하지 않아 분한 것보다 훨씬 낫다.

8, 영웅이 되지 못하는 일은 나약한 것인지도 모른다. 그러나 영웅을 흉내 내는 일은 확실하게 나약한 것이다. 다른 사람을 따라 하지 말고, 자기 자신으로 살아라.

9, 거짓이 없는 사람이라면, 그는 충분히 독창적이다. 왜냐하면 바람직한 독창성이란, 아무리 특색 있다고 하더라도 어쨌든 일종의 재주나 진기함일 수는 없기 때문이다. 있는 그대로의 자기 자신이 아닌 것을 원하지 않는 것. 그것이야말로 훌륭한 독창성의 시초다.

10, 독창성은 두 가지 사물에 비유할 수 있다. 하나는 토지다. 아무도 모르는 미지의 땅을 발견하는 일이 그것이다. 다른 하나는 종자다. 수많은 사람이 짓밟은 오래된 토지라도, 거기에 새로운 씨앗을 뿌리면 한 번도 본 적 없는 꽃이 피고, 마찬가지로 그런 열매도 맺을 수 있다.

11, 자연은 씨앗에 인색하지 않다. 씨앗을 뿌리는 사람도 가리지 않는다. 어떤 씨앗이 됐든 일단 심고 보라. 무엇이 나오게 될지 아무것도 모르지 않는가. 괜히 두려워하면서, 쥐고 있는 씨앗을 그냥 던져 버리는 일이 있어서는 안 된다.

12, 인간은 자기가 가지고 있는 것은 잘 보지만, 자기가 어떤 사람인지는 제대로 보지 못한다. 자기 자신을 잘못 아는 자, 자신을 기만하는 자는 결코 위대할 수 없다. 아무리 재능이 많다고 해도, 자기 자신에 관하여 알고 이해하는 것이 적다면 위대한 게 아니다.

13, 스스로에 대해 잘 알아야 한다. 그러기 위해서 멀리 여행할 필요도 없다. 바로 집 뒤뜰에서 그렇게 할 수 있다. 자주 고뇌하라. 질문하고 대답하라. 자기 자신과의 대화 속으로 점점 더 깊이 빠져들어라! "자신을 가장 잘 아는 자가, 이 지상에서 가장 위대한 자다."

기초가 튼튼한 믿음의 한가운데엔,
언제나 근거 없는 믿음이 놓여 있다.

너 자신을 믿어라.
그건 결코 해가 되지 않는다.

감정과 행복

17

저항하지 말고, 의연하게 받아들여라

1, 현명한 사람도, 어리석은 사람도 누구나 다 고민한다. 대다수 사람이 고민 따윈 없다는 듯 방긋방긋 웃고 있지만, 모두가 각자의 고민이 있다. 자신이 고민할 때와 다른 얼굴을 하고 있더라도, 전부 인생의 고민을 끌어안고 있다. 그저 그 표정이 각자 다를 뿐이다.

2, 살아 있는 한, 걱정거리는 끊임없이 생긴다. 자신은 걱정이 많은 성격이라며 속 끓일 필요 없다. 걱정거리는 누구나 어느 정도 있다며 분명한 결론을 내리고, 의연히 받아들이는 게 훌륭한 대응이다. 건강이나 감정도 시시각각 변하지 않는가. 걱정도 같다. 의연하게 받아들여라.

3, 어떤 문제가 걱정이 되더라도, 어떤 문제든 걱정하지 않는 편이 제일 낫다는 것을 기억하라. 너무 많은 문제에 파묻혀 버리지도 말고, 어느 문제

를 대하든 가장 편안한 자세로 임하라. 만약 좋은 결과를 원하고 있다면.

4, 불안은 병과 같다. 하지만 불안을 받아들여야 한다. 없앨 수 없기 때문이다. 가장 나쁜 행동은 불안에 저항하는 것이다.

5, 영혼의 병에도 굴하지 않을 힘과 내적 강함을 길러라. 단단해져라. 이깟 불안 하나쯤은 괜찮다며, 간단히 잊어버릴 수 있을 만큼의 여유롭고 강인한 정신을 갖춰라. 그리하여 불안에 사로잡히지 말고, 기쁜 마음을 지속시켜라. 너는 틀림없이 그렇게 할 수 있다.

6, 슬픔이 너를 성가시게 하지 못하게 하라. 슬픔을 네 심장 안으로 들어오게 해야 한다. 나쁜 것은 오직 너의 저항뿐이다. 심장을 열어라. 슬픔의 출입을 허가하라. 문에 자물쇠를 걸지 말라. 머릿속에선 고통스러울 것이다. 그러나 심장 속에선 그렇지 않다. 받아들여라.

7, 어떤 저항도 하지 않기로 결심하라. 내면을 가볍게 만들어, 외면이 방해받지 않도록 하라. 만약 자꾸만 어쩔 수 없는 일에 저항한다면, 너는 쓸데없이 소모되어 쇠약해지고 말 것이다.

18

분노와 질투는 아무 쓸모없는 것이다

1, 불의에 대한 분노. 즉 '분개한다'는 건 왠지 모르게 이전부터 참아온 정의감이, 드디어 한계를 넘어섰단 의미에서 정당한 뉘앙스를 풍기기도 한다. 그러나 어떠한 분노든, 자기 자신을 공격하고 상처 입히는 결과밖엔 가져오지 않는다. 분노는 아예 일으키지 않는 것이 좋다.

2, 인간들 때문에 분노하지 마라. 그들 때문에 분노해선 안 된다. 그들의 말이 너의 내면까지 파고들어선 안 된다. 그들이 너에게 말을 걸어오지 않으면, 평온을 유지하기가 비교적 쉬울 것이다. 하지만 너에게 파렴치하고 거칠게 대하면, 네 안의 무언가가 술렁이기 시작할 것이다. 그래도 분노하지 마라. 분노는 정말이지 아무짝에도 쓸모없다.

3, 더 이상 화내고 싶지 않은가? 마음 깊이, 진심으로 그러고 싶은가? 그렇

다면 분노의 감정을 단순히 억누르기만 해서는 부족하다. 자신이 송두리째 변해야 한다. 자신이 완전히 변한다면, 기쁨조차 과거와는 다른 것이 된다. 감수성도 완전히 달라지기 때문이다. 너 자신을 바꿔라. 너와 관련된 모든 것이 새로워질 것이다.

4, 비교하는 습관은 당장 처분해야 하는 쓰레기다. 비교로 가치의 우열을 결정하는 버릇을 그만둬라. 어떤 사람이든 물건이든, 저마다 가치와 아름다움이 있다. 디자인이 훌륭한 소파와 연인과 가는 연극 입장권. 이 둘의 가치를 비교하는 일은 터무니없는 난센스다. 돈으로 살 수 있는 것도 이런 식으로 비교할 수 없다. 하물며 네가 소중히 여기는 것들에 관해선 두말할 필요도 없다.

5, 남을 부러워하지 마라. 그들이 수중에 넣은 걸 원하지 마라. 만일 똑같은 게 너의 수중에 들어온다 해도, 그들처럼 행운이 찾아올 거라고 100% 장담할 수 없다. 그것이 너의 손에 쥐어진 순간, 큰 재앙을 초래할지도 모를 일이다. 남을 쳐다보지 말고, 너 자신에게 집중하라.

6, 질투는 피상적인 어떤 것에 불과하다. 즉, 전형적인 질투의 빛깔은 깊은 곳까지 이르지 못한다. 훨씬 더 깊은 곳에, 열정이 다른 색조를 띠고만 있다면.

7, 질투는 항상 문제를 일으킨다. 그렇기에 질투를 느끼는 사람은, 자신에게 끊임없이 이렇게 말해야 한다. "그것은 실수다! 그것은 실수다!"

19

상처받은 허영심은 가장 큰 악의 근원이다

1, 상처받은 허영심은 세상에서 가장 끔찍한 힘이며, 가장 큰 악의 근원이다. 죄의식에 사로잡힌 양심은 쉽게 참회할 수 있지만, 허영심에 사로잡힌 사람은 결코 참회할 수 없기 때문이다. 참회는 새로운 삶의 일부가 되어야 하는데, 허영심에 사로잡힌 이들은 오로지 분노만 키운다.

2, 어떤 일이든지, 무엇과도 바꿀 수 없는 가치를 지니고 있다. 한편 모조리 빛을 잃는 가치도 있다. 허영심이나 이기주의가 섞여 있을 때 그렇다.

3, 너의 소망을 자세히 들여다보라. 끊임없이 바라는 것, 그 내용을 응시하라. 아주 작고 평범한 소망이라도, 그 안에 허영심이나 허세가 단 한 방울도 섞이지 않았는가? 네가 원하는 것을 찬찬히 음미해 보라. 그게 무엇이든, 만약 거기에 조금이라도 허영심이 섞여 있다면, 미안하지만 그것은 더

러운 것이다.

4, 너는 그 사람에게 도저히 필적하지 못한다고 생각한다. 어떤 수단과 방법을 써도, 도저히 견줄 수 없다는 생각에 분통해하고, 그 감정은 너 자신에게 상처를 준다. 그토록 가슴 아파하는 이유가 뭘까? 그건 네가 상대와 같은 모래판 위에 서 있다 여기고 있으니, 절대 질 수 없다는 자존심이 솟구치기 때문이다. 이것이 바로 큰 허영심을 가지고 있다는 증거다.

5, 끝까지 정직하게 자신을 드러낼 수 없는 이유는, 허영심이 강하기 때문이다. 자신에게 솔직하지 못한 것 역시 허영심이 강하기 때문이다. 허영심을 버려라. 스스로를 기만하지 말라. 허영심으로 인해 타락하는 일이 없도록 해야 한다. 통제하지 않으면, 재앙을 보게 될 것이다.

6, 어떤 일에 예기치 않게 성공했다고 해서 들뜨지 마라. 생각대로 순조롭게 진행됐다고 해서 자만하지 마라. 이는 눈밭을 걷던 중, 잠시 주저앉아 충분한 휴식을 취하는 것과 같다. 곧 기분이 좋아진다. 점차 졸음이 몰려온다. 그대로 얼어 죽는다. 자만심이라는 건축물을 무너뜨려라.

20

살아가는 데 무엇보다도 필요한 것

1, 인생을 살아가는 데 무엇보다도 필요한 것이 있다. 바로 자신의 두려움을 어떻게든 짓밟고, 극복하는 과정이다. 약간의 두려움으로, 얼마나 많은 일에 만족할 수 없게 되는가. 가슴속에 있는 용기를 키워, 두려움의 영향력을 축소시켜야 한다. 용기를 통해 두려움을 짓눌러라.

2, 내가 나를 영향받게 놔두지 않는다는 것은 훌륭한 일이다. 외부 세계에 의존하지 말라. 그러면 그 속에서 어떤 일이 일어나더라도, 두려움을 느끼지 않게 될 것이다. 외적 세계, 다른 사람들로부터 유래하는 것은 모두 껍데기일 뿐이다. 사물에서든, 사람에게든, 반드시 독립적일 수 있어야 한다.

3, 두려움이 아니라, 극복된 두려움이 존중받을 가치가 있으며, 인생을 보람 있는 것으로 만든다. 커다란 나무로 높이 자라는 씨앗은 재능도 아니고,

영감도 아니다. 그것은 "용기"다. 용기가 있는 그만큼, 생사의 문제와 연관되는 그만큼, 씨앗은 더욱 높게 자란다. 마음속 용기야말로 처음엔 보잘것없어도, 점점 성장해 거목이 된다.

4, 두려움은 잘못된 인생관이 낳은 오류다. 행복한 사람은 두려움이 없어야 한다. 죽음에 직면해서도 그렇다. 시간 속에서가 아니라, 현재 속에 사는 사람만이 행복하다. 현재 속에 사는 삶에는 죽음이 없다. 죽음은 삶 속의 사건이 아니다. 죽음은 세계의 사실이 아니다.

5, 나는 사실 겁이 많은 사람이었다. 하지만 오랜 투쟁 끝에, 결국 용기를 끌어내 무언가를 실행한 후에는, 언제나 훨씬 더 자유롭고 행복하다고 느낄 수 있었다. 모든 용기엔 반드시 보상이 뒤따른다는 것을 명심하라.

6, 나는 진심으로 생각한다. 진정한 삶을 원한다면, 과감하고 용맹하게 싸워 나가야 한다. 용감함 외엔 하나같이 주저함이나 무력함, 비겁함뿐이다. 형세 관망 혹은 실수에 겁먹는 일은 태만함이다. 이런 태만한 삶의 태도는, 자기 자신을 비참하고 한심한 인간으로 만든다.

7, 용기 없이 살아갈 수 없다. 아무리 요령이 좋아도, 용기 없이는 안 된다. 용기만이 기회를 넓히고, 위기에서 구원하며, 자신감과 능력을 안겨 준다. 용기를 철저히 자신의 것으로 만들어, 이 세상을 헤쳐 나가야 한다. 용기 없

는 삶은 진정한 삶이 아니다.

8. 유감스럽게도 너무 피곤하고 추우면, 있는 그대로의 삶을 견뎌 낼 용기를 금세 잃어버리고 만다. 하지만 용기를 잃지 않기 위해 노력해야 한다. 그리고 용기를 잃지 않는 유일한 방법은, 삶의 주요 문제에서 한시도 눈길을 떼지 않는 것이다.

9. 의심하지 마라. 너는 틀림없이 잘될 것이다. 그러니 용기를 내라. 너 자신을 절대 잃지 말라. 반드시 스스로의 곁을 지켜라. 그리고 무엇보다 너 자신에게 집중하라. 오직 너 스스로를 장악하라. 그렇게 할 수 있다면, 모든 일이 막히지 않고 순조롭게 흐를 것이다.

21

절망스러운가? 절망에 빠진 채 돌격하라

1, 절망에 빠진 사람은 누가 뭐래도 사과가 먹고 싶다며, 막무가내로 고집 피우는 아이와 같다. 무슨 일이 있어도 사과 아니면 안 된다고 떼쓰는 어린 애처럼, 자신의 판단이 전적으로 옳다고 믿어 의심치 않는다.

2, 자신이 느끼는 절망은, 한 치의 오차도 없이 정당한 것이라 고집스럽게 믿는다. 그렇게 절망은 바위보다 단단히 고정되고, 시간마저 얼어붙는다. 그 절망을 극복할 새로운 방법을 찾을 여유도 없다. 막다른 길의 천장을 뚫고, 좁은 절망의 세계에서 뛰쳐나갈 생각조차 하지 못한다.

3, 혼란에 빠져 있는 사람을 보면 방에서 나가고는 싶은데, 어떻게 나가야 하는지 모르는 사람을 보는 것 같다. 창문으로 나가 보려 하지만 너무 높고, 굴뚝으로 나가려니 그건 너무 좁다. 단지 주위를 차분히 둘러보기만 한

다면, 문은 언제나 열려 있다는 걸 알 수 있음에도!

4, 비겁한 사고, 우유부단함, 겁쟁이 같은 마음, 불안감과 탄식을 가지고서는 불행을 개선할 수도, 절망에서 벗어날 수도, 스스로를 자유롭게 할 수도 없다.

5, 절망스러운가? 절망에 빠진 채 문제를 향해 돌격하라. 제대로 해결하지 못하고 후회하느니, 그 요새 앞에서 피를 뿌리고 죽는 편을 택하라. 그리고 만약 극복했더라도 방심하지 마라. 최대의 난점은 정복한 그 거점들을, 그 안에서 편히 앉아 지낼 수 있을 때까지 방어해 내는 것이다. 문제가 완전히 소멸될 때까지는 언제까지고 편히 앉아 지낼 수 없다. 계속 노력하라!

6, 왜 인간은 불행하면 안 되며, 왜 인간은 더없이 불행해져선 안 되는가? 그것은 인간의 여러 가능성 중 하나일 뿐인데. 게다가 드문 가능성도 아닌데. 그저 너 자신을 개선하라. 그것이 네가 너의 세계를 개선하기 위해 할 수 있는 유일한 일이다. 진정한 혁명가란 자기 자신을 혁명할 수 있는 사람이다.

7, 살아가는 일이 숨 막히는가? 사는 것이 괴로운가? 그것은 자그마한 점 하나만 뚫어지게 응시하며, 거기에 있는 그 작은 것이 자신의 인생이라 단정하고 있기 때문이다. 눈을 크게 떠라. 시선의 범위를 확장하라. 몸을 일

으켜 고개를 들고 주위를 둘러보라. 많은 것들이 보이지 않는가? 가까운 곳도, 먼 곳도 다 보이지 않는가?

8, 하늘을 향해 누워 보라. 대지와 등을 맞대 보라. 구름도, 태양도, 달도, 별도, 다 보인다. 너는 세상 온갖 것들을 볼 수 있다. 아무것도 숨지 않고, 어떤 것도 가리지 않기에 모든 것을 눈에 담을 수 있다. 너의 인생도 이와 같다. 티끌만큼의 제한도 없다. 네가 원하는 온갖 것들을 할 수 있는, 모든 가능성이 바로 눈앞에 펼쳐져 있지 않은가.

9, 곧잘 우울해지고, 어떤 일에도 기쁨을 잘 느끼지 못하며, 미래에 대한 불안 속에 살아가고 있다는 것은, 내면의 고요를 잃었다는 뜻이다. 이럴 땐, 자기 안에서 고요를 찾아야 한다. 자신의 내면에 귀를 기울여 보라. 무엇을 말하고 있는지 들어라. 열쇠를 쥘 수 있다.

22

행복은 삶의 매 순간 가능해야 한다

1, 삶 속에서 항상 죽음에 에워싸여 있는 것이, 인간 존재의 조건이다. 그러므로 행복은 삶의 매 순간 가능해야 하며, 외적 조건과 완전히 무관한 영혼의 상태여야 한다. 자신의 통제를 벗어난 순수한 우연성의 세계, 즉 '사실들의 세계'는 행복과 아무런 관련이 없다.

2, 사람의 시선은 모든 것을 가치 있게 만들 수도 있고, 가치 없게 만들 수도 있다. 행복은 "세계를 향한 시선의 방식"에 달린 것이다. 따라서 시간 속에 일어나는 무수한 사건들, 인과를 따라 변천하는 무상한 사태들, 그 자체어 집착하는 삶은 잘못된 삶이다.

3, 만일 네가 진심으로 행복하지 않다면, 너의 모든 재능이 대체 무슨 소용이란 말인가? 만일 네가 지금 가장 중요한 문제를 해결할 수 없다면, 다른

문제들을 푸는 것이 대체 무슨 의미가 있는가? 항상 가장 중요한 대상을 파악하여, 그것에 집중해야 한다.

4, 이 세상이 너무도 형편없기에 바꾸고 싶은가? 이 세계를 조금 더 따뜻하게, 조금 더 신선하고 생기 있게, 조금 더 아름답게 만들고 싶은가? 세상을 바꾸고 싶다면 자신을 바꿔라. 자신을 바꾸면, 달라진 자신과 동시에 세상도 모습을 바꾼다. 그리고 네가 행복하게 살면, 세상은 한층 더 커지고 빛날 것이다.

5, 행복한 삶을 사는 것은 언제나 가능하다. 너는 행복한 삶을 살기 위해 무엇을 행해야 하는지 이미 알고 있기 때문이다. 근데 어째서 그것을 행하지 않는가? 비이성적이기 때문이다. 나쁜 삶이란, 곧 비이성적인 삶을 말한다.

6, 사람이 잘못된 환경에 있으면, 무엇도 제대로 작동하지 않는다. 그는 모든 면에서 건강하지 않게 보일 것이다. 행복할 수 없다. 만약 그를 적당한 환경으로 돌려놓으면, 모든 것이 꽃피고 활력 있게 보일 것이다. 환경은 대단히 중요하다. 크리스탈조차 모든 환경에서 아름다운 것은 아니다.

7, 인간으로서 성실히 살려 노력하고, 또 그렇게 사는 것은 중요하다. 다만, 그건 불안이나 비겁함에서 나오기도 한다. 또 일종의 정의감에서 그렇게 사는 사람도 있다. 혹은 다른 사람에 대한 걱정이나 배려, 사랑 때문에 성

실히 살려는 경우도 있다. 이 경우의 사람이 행복하지 않을까.

8, 인간이 다른 것 없이 스스로를 행복하게 만드는 것은 불가능에 가깝다. 인생의 목표에 대해 진지하게 생각해 보라. '어떤 인생이 나를 진정 행복하게 만들어 줄까?' 이에 대해 깊게 고민하여 계획해 보라. 그것이 네가 지금 당장 할 수 있는 일 중에서 가장 나은 일이다.

9, 어떻게 바라고 있는가, 어떤 식으로 구하고 있는가, 그것을 천천히 관찰해 보라. 그러면 네가 무엇을 진정으로 갈망하고 있는지 알 수 있다. 대다수 인간은 자기가 진심으로 원하는 것이 아닌, 그저 남들이 가진 것을 보면서, 자기도 가지고 싶다 느낀 것을 손에 넣길 원한다.

10, 행복한 자는 현존의 목적을 달성한다. 삶 이외의 목적을 필요로 하지 않는 자야말로, 비로소 현존의 목적을 달성하는 자라고 말할 수 있다. 이는 즉, 자신의 삶에 만족할 수 있는 자를 뜻한다. 안주하지도 않되, 만족할 줄 아는 인간이 행복할 줄 아는 인간이다.

11, 만일 정적 속에서 행복을 찾을 수 없다면 어떻게 해야 할까? 달리면서 찾아라! 하지만 뛰느라고 너무 피곤해지면 또 어떻게 해야 할까? 그에 대해선 쓰러질 때까지 말하지 말라. 넘어지지 않기 위해선, 사이클 선수처럼 계속 페달을 밟으며 움직여야 한다.

12. 행복하게 살기 위해서 너는 세계와 일치를 이루어야 한다. 바로 이것이 "행복하다"는 말의 의미다. 네 양심이 너로 하여금 평정심을 잃게 만든다면, 너는 무언가와 일치를 이루지 못하고 있는 것이다. 양심은 신의 목소리다. 양심에 따라 행하라. 그리하여 행복한 인간이 되어라.

13. 나는 진심으로 네가 행복하기를 소망한다. 그리고 무엇이든지, 네가 가지고 있는 것에 감사할 수 있기를 바란다. 숨이 멎기 전에 딱 한마디만 너에게 남길 수 있다면, 그 유일한 것은 이뿐인 듯하구나. 행복한 삶을 살아라.

삶이 흔들릴 때 꺼내 읽는 말들

마음을 단단하게 만드는 위대한 사상가의 지혜

1판 1쇄 펴낸날 2026년 1월 30일

지은이 현이

책만듦이 김미정
책꾸밈이 디자인나울

펴낸곳 채륜 **펴낸이** 서채윤
신고 2007년 6월 25일(제2009-11호)
주소 서울시 광진구 자양로 214, 2층(구의동)
전화 02.465.4650 **팩스** 02.6442.9442
book@chaeryun.com www.chaeryun.com